中华人民共和国民法典总则编

注释本

法律出版社法规中心　编

法律出版社
LAW PRESS CHINA
·北　京·

图书在版编目(CIP)数据

中华人民共和国民法典总则编注释本 / 法律出版社法规中心编. -- 2 版. -- 北京 : 法律出版社, 2022
(法律单行本注释本系列)
ISBN 978 - 7 - 5197 - 6503 - 3

Ⅰ. ①中… Ⅱ. ①法… Ⅲ. ①民法 - 法典 - 法律解释 - 中国 Ⅳ. ①D923.05

中国版本图书馆 CIP 数据核字(2022)第 036525 号

中华人民共和国民法典总则编注释本
ZHONGHUA RENMIN GONGHEGUO MINFADIAN ZONGZEBIAN ZHUSHIBEN

法律出版社法规中心 编

责任编辑 陶玉霞 翁潇潇
装帧设计 李 瞻

出版发行 法律出版社
编辑统筹 法规出版分社
责任校对 张红蕊
责任印制 耿润瑜
经　　销 新华书店

开本 850 毫米 × 1168 毫米 1/32
印张 8　**字数** 200 千
版本 2022 年 3 月第 2 版
印次 2022 年 3 月第 1 次印刷
印刷 北京金康利印刷有限公司

地址:北京市丰台区莲花池西里 7 号(100073)
网址:www. lawpress. com. cn
投稿邮箱:info@ lawpress. com. cn
举报盗版邮箱:jbwq@ lawpress. com. cn
销售电话:010 - 83938349
客服电话:010 - 83938350
咨询电话:010 - 63939796

书号:ISBN 978 - 7 - 5197 - 6503 - 3
定价:26.00 元
凡购买本社图书,如有印装错误,我社负责退换。电话:010 - 83938349

编辑出版说明

现代社会是法治社会,社会发展离不开法治护航,百姓福祉少不了法律保障。遇到问题依法解决,已经成为人们处理矛盾、解决纠纷的不二之选。然而,面对纷繁复杂的法律问题,如何精准、高效地找到法律依据,如何完整、准确地理解和运用法律,日益成为人们"学法、用法"的关键所在。

为了帮助读者快速准确地掌握"学法、用法"的本领,我社开创性地推出了"法律单行本注释本系列"丛书。本丛书自首次出版至今已十余年,历经多次修订完善,现已出版近百个品种,涵盖了社会生活的重要领域,已经成为广大读者学习法律、应用法律之必选图书。

本丛书具有以下特点:

1. 出版机构权威。成立于1954年的法律出版社,是全国首家法律专业出版机构,始终秉承"为人民传播法律"的宗旨,完整记录了中国法治建设发展的全过程,享有"社会科学类全国一级出版社"等荣誉称号,入选"全国百佳图书出版单位"。

2. 编写人员专业。本丛书皆由相关法律领域内的专业人士编写,并引入匿名审稿评估制度,确保图书内容始终紧跟法治进程,反映最新立法动态,体现条文本义内涵。

3. 法律文本标准。作为专业的法律出版机构，多年来，我社始终使用全国人民代表大会常务委员会公报刊登的法律文本，积淀了丰富的标准法律文本资源，并根据立法进度及时更新相关内容。

4. 条文注解精准。本丛书以立法机关的解读为蓝本，给每个条文提炼出条文主旨，并对重点条文进行注释，使读者能精准掌握立法意图，轻松理解条文内容。

5. 配套附录实用。书末"附录"部分收录的均为重要的相关法律、法规和司法解释，使读者的使用更为便捷，使全书更为实用。

需要说明的是，本丛书中"适用提要""条文主旨""条文注释"等内容皆是编者为方便读者阅读、理解而编写，不同于国家正式通过、颁布的法律文本，不具有法律效力。本丛书不足之处，恳请读者批评指正。

我们用心打磨本丛书，以期为法律相关专业的学生释法解疑，致力于帮助每个公民撑起法律的保护伞。

法律出版社法规中心

2022 年 3 月

目　录

附录一　条文对照

附录二　相关法规

《中华人民共和国民法典》总则编适用提要

2020年5月28日，十三届全国人大三次会议表决通过了《中华人民共和国民法典》（以下简称《民法典》）。这是新中国成立以来第一部以“法典”命名的法律，是新时代我国社会主义法治建设的重大成果。

总则编是《民法典》的开篇之作，在《民法典》中起统领性作用。总则编规定民事活动必须遵循的基本原则和一般性规则，统领《民法典》各分编；各分编将在总则编的基础上对各项民事制度作出具体规定。

总则编规定民事活动必须遵循的基本原则和一般性规则，统领《民法典》各分编。总则编基本保持《民法总则》的结构和内容不变，根据法典编纂体系化要求对个别条款作了文字修改。总则编共10章、204条，主要内容有：

一、关于基本规定

第1章规定了《民法典》的立法目的和依据。其中，将“弘扬社会主义核心价值观”作为一项重要的立法目的，体现坚持依法治国与以德治国相结合的鲜明中国特色（第1条）。同时，规定了民事权利及其他合法权益受法律保护，确立了平等、自愿、公平、诚信、守法和公序良俗等民法基本原则（第4条至第8条）。为贯彻习近平生态文明思想，将绿色原则确立为民法的基本原则，规定民事主体从事民事活动,应当有利于节约资源、保护生态环境(第9条)。

二、关于民事主体

民事主体是民事关系的参与者、民事权利的享有者、民事义务的履行者和民事责任的承担者,具体包括三类:一是自然人。自然人是最基本的民事主体。总则编规定了自然人的民事权利能力和民事行为能力制度、监护制度、宣告失踪和宣告死亡制度,并对个体工商户和农村承包经营户作了规定(第2章)。结合此次疫情防控工作,对监护制度作了进一步完善,规定因发生突发事件等紧急情况,监护人暂时无法履行监护职责,被监护人的生活处于无人照料状态的,被监护人住所地的居民委员会、村民委员会或者民政部门应当为被监护人安排必要的临时生活照料措施(第34条第4款)。二是法人。法人是依法成立的,具有民事权利能力和民事行为能力,依法独立享有民事权利和承担民事义务的组织。规定了法人的定义、成立原则和条件、住所等一般规定,并对营利法人、非营利法人、特别法人三类法人分别作了具体规定(第3章)。三是非法人组织。非法人组织是不具有法人资格,但是能够依法以自己的名义从事民事活动的组织。对非法人组织的设立、责任承担、解散、清算等作了规定(第4章)。

三、关于民事权利

保护民事权利是民事立法的重要任务。第5章规定了民事权利制度,包括各种人身权利和财产权利。为建设创新型国家,《民法典》对知识产权作了概括性规定,以统领各个单行的知识产权法律(第123条)。同时,对数据、网络虚拟财产的保护作了原则性规定(第127条)。此外,还规定了民事权利的取得和行使规则等内容(第129条至第132条)。

四、关于民事法律行为和代理

民事法律行为是民事主体通过意思表示设立、变更、终止民事法律关系的行为,代理是民事主体通过代理人实施民事法律行为的制度。第6章、第7章规定了民事法律行为制度、代理制度:一是规定民事法律行为的定义、成立、形式和生效时间等(第6章第1节)。二是对意思表示的生效、方式、撤回和解释等作了规定(第6章第2节)。三是规定民事法律行为的效力制度(第6章第3节)。四是规定了代理的适用范围、效力、类型等代理制度的内容(第7章)。

五、关于民事责任、诉讼时效和期间计算

民事责任是民事主体违反民事义务的法律后果,是保障和维护民事权利的重要制度。诉讼时效是权利人在法定期间内不行使权利,权利不受保护的法律制度,其功能主要是促使权利人及时行使权利、维护交易安全、稳定法律秩序。第8章、第9章、第10章规定了民事责任、诉讼时效和期间计算制度:一是规定了民事责任的承担方式,并对不可抗力、正当防卫、紧急避险、自愿实施紧急救助等特殊的民事责任承担问题作了规定(第8章)。二是规定了诉讼时效的期间及其起算、法律效果,诉讼时效的中止、中断等内容(第9章)。三是规定了期间的计算单位、起算、结束和顺延等(第10章)。

值得注意的是,本法自2021年1月1日起施行。《婚姻法》《继承法》《民法通则》《收养法》《担保法》《合同法》《物权法》《侵权责任法》《民法总则》同时废止。

第一编 总 则

第一章 基本规定

第一条 【立法目的和依据】①为了保护民事主体的合法权益，调整民事关系，维护社会和经济秩序，适应中国特色社会主义发展要求，弘扬社会主义核心价值观，根据宪法，制定本法。

条文注释②

本条规定了《民法典》③ 五个方面的立法目的：

一是保护民事主体的合法权益。民事主体的合法权益包括人身权利、财产权利、兼具人身和财产性质的知识产权等权利，以及其他合法权益。保护公民的各项基本权利是《宪法》的基本原则和要求，保护民事主体的合法权益是《民法典》的首要目的，也是落实和体现宪法精神的表现。

二是调整民事关系。《民法典》保护民事权利，是通过调整各种民事关系来实现的。调整社会关系是法律的基本功能。调整社会关系的手段有道德、法律等不同类型，其中法律是现代社会最为重要的调整社会关系的方式。《民法典》调整的仅仅是民事关系，民事关系就是平等主体之间的权利和义务关系。根据权利义务内容性质的不同，民事关系可以分为人身关系、财产关系等，《民法典》通过各种具体制度、规则调整民事主体之间的相互关系，最终的目的就是促进和实现民事主体之间生活秩序的和谐。

①② 条文主旨、条文注释为编者所加，仅供参考，下同。——编者注

③ 为方便阅读，本书中法律法规名称均使用简称。

三是维护社会和经济秩序。《民法典》保护单个主体的民事权利，调整民事主体之间的关系，从而确立并维护整个社会的民事生活秩序。《民法典》确立、维护婚姻、家庭等社会秩序，使民事主体之间的社会关系处于稳定有序的状态。同样，《民法典》通过调整民事主体之间的财产权关系、交易关系，实现对经济秩序的维护，使民事主体享有合法的财产权，进而能在此基础上与他人开展交易，从而确保整个社会的经济有条不紊地运行。从这个意义上说，《民法典》是国家治理体系的有机组成部分。

四是适应中国特色社会主义发展要求。法律是上层建筑，由经济基础决定，并与经济基础相适应。社会主义市场经济本质上是法治经济，通过编纂《民法典》不断完善社会主义法律体系，健全市场秩序，维护交易安全，促进社会主义市场经济持续健康发展。

五是弘扬社会主义核心价值观。社会主义核心价值观包括富强、民主、文明、和谐，自由、平等、公正、法治，爱国、敬业、诚信、友善。社会主义核心价值观要融入法治建设的全过程，要将社会主义核心价值观的基本要求融入法律，转化为法律规范性要求，将法律法规作为践行社会主义核心价值观的制度载体，使法律法规更好地体现国家的价值目标、社会的价值取向、公民的价值追求。

《宪法》是国家的根本法，是母法，是其他法律制定的依据。“根据宪法，制定本法”的规定明确了《民法典》的立法依据。《宪法》是《民法典》的立法根据，《民法典》的规定必须体现宪法精神，落实《宪法》的要求，不得违背《宪法》。

关联法规

《最高人民法院关于适用〈中华人民共和国民法典〉总则编若干问题的解释》第2条

第二条　【调整范围】民法调整平等主体的自然人、法人和非法人组织之间的人身关系和财产关系。

条文注释

法律的调整范围就是法律所规范的社会关系类型。

人身关系,是指民事主体之间基于人格和身份形成的无直接物质利益因素的民事法律关系。有的人身关系与民事主体的人格利益相关;有的人身关系与民事主体的特定身份相关,如配偶之间的婚姻关系,父母子女之间的抚养和赡养关系。

财产关系,是指民事主体之间基于物质利益而形成的民事法律关系。财产关系包括静态的财产支配关系,如所有权关系;还包括动态的财产流转关系,如债权债务关系等。就财产关系所涉及的权利内容而言,财产关系包括物权关系、债权关系等。

需要注意的是,自然人、法人、非法人组织之间的社会关系多种多样,并非所有社会关系都由民法调整,民法仅调整他们之间的民事关系。例如,行政机关在从事行政管理活动时,会与自然人或法人形成行政法律关系,在这种行政法律关系中双方的地位是不平等的,不由民法调整。行政机关从事民事活动,如因购买商品而与公司签订买卖合同,民法要求其必须以机关法人的身份进行,此时机关法人与其他民事主体之间的法律地位是平等的,这种买卖合同关系则由民法调整。

关联法规

《民事诉讼法》第3条

第三条 【民事权益受法律保护】民事主体的人身权利、财产权利以及其他合法权益受法律保护,任何组织或者个人不得侵犯。

条文注释

民事权利及其他合法权益受法律保护是民法的基本精神。民事主体的民事权利及其他合法权益受法律保护的要求在我国诸多法律中都有规定。如《宪法》第13条规定,公民的合法的私有财产不受侵犯,国家依照法律规定保护公民的私有财产权和继承权。

人身权利包括生命权、身体权、健康权、姓名权、肖像权、名誉权、荣誉权、隐私权、婚姻自主权、监护权等,财产权利包括所有权、用益物权、担保物权、股权等。民法除保护人身权利和财产权利外,还保护兼具人身和财产性质的知识产权、继承权等。除列明的民事权利外，总则编还规定保护其他合法权益，原因在于，有些民事权益法律并未明确规定，但确有必要予以保护的，法律也应当予以保护。

"不得侵犯"就是任何组织或者个人不得非法侵占、限制、剥夺他人的民事权利及其他合法权益，也不得干涉他人正常行使民事权利及其他合法权益。当然，这并非意味着民事主体的民事权利可以毫不受限，是绝对自由的。相反，民事主体行使民事权利要受到法律、公序良俗的约束，民事主体不得滥用民事权利，且国家基于公共利益的需要，在法律权限范围内经法定程序，在给予公平合理补偿的前提下，可以对民事主体的财产予以征收或者征用。

《民法典》不仅在总则编对保护民事权利作了规定，在其他各编中也都有配套的相关规定。如物权编规定，国家、集体、私人的物权和其他权利人的物权受法律平等保护，任何组织或者个人不得侵犯；同时在第3章专门规定了物权保护制度。合同编规定，依法成立的合同，受法律保护。人格权编规定，民事主体的人格权受法律保护，任何组织或者个人不得侵害。继承编规定，国家保护自然人的继承权。

关联法规

《民法典》第207、233～239、991、1120条

第四条　【平等原则】民事主体在民事活动中的法律地位一律平等。

条文注释

平等原则，是指民事主体，无论法人、自然人还是非法人组织，无论法人规模大小、经济实力雄厚与否，无论自然人是男、女、老、少、贫、富，无论非法人组织经营什么业务，在从事民事活动时，他们的法律地位都是平等的，他们的合法权益受到法律的平等保护。平等原则是民事法律关系区别于行政法律关系特有的原则，也是发展社会主义市场经济的客观要求。

民事主体的法律地位一律平等，主要体现在以下三个方面：

(1)自然人的权利能力一律平等。权利能力就是自然人享有民事权利、承担民事义务的法律资格,这种法律资格,不因自然人的出身、身份、职业、性别、年龄、民族、种族等而不同,所有自然人在法律人格上都是平等的、没有差别的。

(2)所有民事主体在从事民事活动时,双方的法律地位平等。虽然国家行政机关在从事行政管理时,作为管理者与被管理的行政相对人的地位是不平等的,存在隶属关系或管理与被管理的关系;但是当机关法人与其他民事主体包括自然人、法人或者非法人组织从事民事交易时,二者的法律地位则是平等的。民法为了维护和实现民事主体之间法律地位的平等性,确保民事主体之间能平等协商交易条款,还规定当事人一方利用优势地位强加给另一方的不公平的"霸王条款"无效。

(3)所有民事主体的合法权益受到法律的平等保护。平等保护就是民事主体权利在法律上都是一视同仁地受到保护的。平等保护还意味着民事主体的权利受到侵害时,在法律适用上是平等的,能够获得同等的法律救济。正因如此,我国《民事诉讼法》规定,民事诉讼当事人有平等的诉讼权利,人民法院审理民事案件对当事人在适用法律上一律平等。

关联法规

《宪法》第 33 条;《消费者权益保护法》第 4 条;《合伙企业法》第 5 条;《证券法》第 4 条

第五条　【自愿原则】民事主体从事民事活动,应当遵循自愿原则,按照自己的意思设立、变更、终止民事法律关系。

条文注释

自愿原则,也称意思自治原则,是民事主体有权根据自己的意愿,自愿从事民事活动,按照自己的意思自主决定民事法律关系的内容及其设立、变更和终止,自觉承受相应的法律后果的原则。自愿原则体现了民事活动最基本的特征。

自愿原则,可以从以下四个方面来理解:(1)民事主体有权自愿从事民事活动。民事主体参加或不参加某一民事活动由其自己根据自身意志和利益自由决定，其他民事主体不得干预，更不能强迫其参加。(2)民事主体有权自主决定民事法律关系的内容。民事主体决定参加民事活动后，可以根据自己的利益和需要，决定与谁建立民事法律关系，并决定具体的权利、义务内容，以及民事活动的行为方式。(3)民事主体有权自主决定民事法律关系的变动。民事法律关系的产生、变更、终止应由民事主体自己根据本人意志自主决定。(4)民事主体应当自觉承受相应法律后果。与民事主体自愿参加民事活动、自主决定民事法律关系相伴的是，民事主体需要自觉承受相应法律后果。

需要进一步说明的是，自愿或者意思自治不是毫无约束的绝对的自由与放任。民事主体实现自愿、自主或意思自治的前提就是民事主体之间的平等法律地位。因此，民事主体的自愿是建立在相互尊重的基础上，必须尊重其他民事主体的自主意志。民事主体的意思自治，还受到民法的公平原则、诚信原则、守法原则等基本原则的约束。这些原则要求民事主体从事民事活动时，要公平合理、诚实守信，不得违反法律，不得违背公序良俗。

关联法规

《证券法》第 4 条；《劳动合同法》第 3 条；《合伙企业法》第 5 条；《商业银行法》第 5 条；《反不正当竞争法》第 2 条

第六条 【公平原则】民事主体从事民事活动，应当遵循公平原则，合理确定各方的权利和义务。

条文注释

公平原则要求民事主体从事民事活动时要秉持公平理念，公正、平允、合理地确定各方的权利和义务，并依法承担相应的民事责任。

适用本条时，还应注意以下两个方面：(1)民事主体在从事民事活动时，按照公平观念行使权利、履行义务，特别是对于双方民事法律行为，要求一方的权利和义务应当相适应，双方之间的权利和义务应当对等,不能一方承担义务而另一方只享有权利,也不能一方享受的权利和承担的义务相差悬殊。(2)民事主体合理承担民事责任,在通常情况下适用过错责任,要求责任与过错的程度相适应;在特殊情况下,也可以根据公平原则合理分担责任。

公平原则作为民法的基本原则,既是民事主体从事民事活动应当遵守的基本行为准则,也是人民法院审理民事纠纷应当遵守的基本裁判准则。

关联法规

《劳动合同法》第3条;《合伙企业法》第5条;《商业银行法》第5条;《信托法》第5条;《证券投资基金法》第4条;《反不正当竞争法》第2条;《消费者权益保护法》第4条;《拍卖法》第4条

第七条 【诚信原则】民事主体从事民事活动,应当遵循诚信原则,秉持诚实,恪守承诺。

条文注释

诚信原则要求所有民事主体在从事任何民事活动时,包括行使民事权利、履行民事义务、承担民事责任时,都应该秉持诚实、善意,信守自己的承诺。诚信原则要求民事主体在行使权利、履行义务过程中,讲诚实、重诺言、守信用。

诚信原则作为民法最为重要的基本原则,被称为民法的“帝王条款”。通常认为,诚信原则要求民事主体从事民事活动应当讲诚信、守信用,以善意的方式行使权利、履行义务,不诈不欺,言行一致,信守诺言。具体而言,民事主体应当从以下几个方面遵循诚信原则:(1)民事主体在着手与他人开展民事活动时即应当讲诚信,如实告知交易方自己的相关信息,表里如一,不弄虚作假。如本法合同编规定的缔约过失责任,针对的就是缔结合同时的不诚实的行为。(2)民事主体在与他人建立民事法律关系后,应当信守诺言、恪守信用,按照自己作出的承诺行使权利、履行义务,言而有信。(3)民事主体应当本着善意的原则,相互配合,保护对方的合理期待与信赖。(4)民事主体应当尊重他人的合法权益,尊重社会公共利益。(5)民事主体应当善意行使权利，不得滥用权利。(6)民事主体不得规避法律，不得故意曲解合同条款，等等。

诚信原则的内涵和外延都是概括性的、抽象的，因此诚信原则有很大的适用空间，民事主体从事任何民事活动都应当遵守该原则。民事主体无论自己行使权利，还是在与他人建立民事法律关系之前、之中、之后都必须始终贯彻诚信原则，按照诚信原则的要求善意行事。

关联法规

《消费者权益保护法》第4条；《劳动合同法》第3条；《个人独资企业法》第4条；《合伙企业法》第5条；《证券法》第4条；《票据法》第10条；《商业银行法》第5条；《信托法》第5条；《证券投资基金法》第4条；《反不正当竞争法》第2条；《拍卖法》第4条；《招标投标法》第5条；《民事诉讼法》第13条

第八条　【守法与公序良俗原则】民事主体从事民事活动，不得违反法律，不得违背公序良俗。

条文注释

公序良俗，是指公共秩序和善良习俗。守法和公序良俗原则要求自然人、法人和非法人组织在从事民事活动时，不得违反各种法律的强制性规定，不违背公共秩序和善良习俗。具体要求如下：

(1)民事主体从事民事活动不得违反法律。这里的法律不仅包括民事法律，还包括其他部门法。不得违反法律，就是要求不违反法律的强制性规定。民事主体在从事民事活动时，只要法律未明文禁止，又不违背公序良俗，就可以根据自己的利益和需要创设权利、义务内容。民事主体在从事民事活动时享有较大的自主空间，实现充分的意思自治。由于民法的基本原则之一就是意思自治，民法在通常情况下不会干预民事主体的行为自由，民法的大多数规范都是任意性规范。对于任意性规范，民事主体可以结合自身的利益需要，决定是否纳入自己的意思自治范围。但是，任何人的自由并非毫无限制，民法同样需要维护社会基本的生产、生活秩序，需要维护国家的基本价值追求，法律的强制性规范就是为了实现这一目的而制定的，民事主体在从事民事活动时，应当遵守法律的强制性规定。

(2)民事主体从事民事活动不得违背公序良俗。不得违背公序良俗原则，就是不得违背公共秩序和善良习俗。公共秩序，是指政治、经济、文化等领域的基本秩序和根本理念，是与国家和社会整体利益相关的基础性原则、价值和秩序，在以往的民商事立法中被称为社会公共利益。善良习俗，是指基于社会主流道德观念的习俗，也被称为社会公共道德，是全体社会成员普遍认可、遵循的道德准则。善良习俗具有一定的时代性和地域性，随着社会成员的普遍道德观念的改变而改变。公共秩序强调的是国家和社会层面的价值理念，善良习俗突出的则是民间的道德观念，二者相辅相成，互为补充。

守法和公序良俗原则中的两项不同要求之间，首先要求民事主体从事民事活动不得违反法律。民事主体从事任何民事活动需要遵守法律的强制性规定；对于民法的任意性规定，民事主体是否按照任意性规定从事民事活动，法律并不强制要求，民事主体可以根据自己的利益作出相应的选择和判断。由于民事活动复杂多样，法律不可能预见所有损害社会公共利益、公共道德秩序的行为而作出详尽的禁止性规定。因此，有必要辅之以公序良俗原则，并明确规定违背公序良俗的民事法律行为无效，以弥补法律禁止性规定的不足，实现对民事主体意思自治的必要限制，以弘扬社会公共道德、维护社会公共秩序，实现民事主体的个体利益与社会公共利益的平衡。

关联法规

《公司法》第5条；《合伙企业法》第7条；《个人独资企业法》第4条；《妇女权益保障法》第5条

第九条　【绿色原则】民事主体从事民事活动，应当有利于节约资源、保护生态环境。

条文注释

绿色原则是贯彻《宪法》关于保护环境的要求，同时也是落实党中央关于建设生态文明、实现可持续发展理念的要求。把环境资源保护上升至民法基本原则的地位，具有鲜明的时代特征，将全面开启环境资源保护的民法通道，有利于构建生态时代下人与自然的新型关系，顺应绿色立法潮流。

本条规定的绿色原则与其他原则的表述有所不同，其他原则使用了“应当遵循”“不得违反”等表述，而本条使用的是“应当有利于”的表述。尽管有这种不同，但绿色原则作为《民法典》的基本原则，仍具有重要作用：(1)确立国家立法规范民事活动的基本导向，即要把节约资源、保护生态环境作为重要的考量因素；(2)要求民事主体本着有利于节约资源、保护生态环境的理念从事民事活动，树立可持续发展的观念；(3)司法机关在审判民事案件，适用民事法律规定时，要加强对节约资源、保护生态环境的民事法律行为的保护。

关联法规

《宪法》第9条；《环境保护法》第6条；《消费者权益保护法》第5条

第十条 【处理民事纠纷依据】处理民事纠纷，应当依照法律；法律没有规定的，可以适用习惯，但是不得违背公序良俗。

条文注释

处理民事纠纷的依据就是人民法院、仲裁机构在处理民事纠纷时据以作出裁判的规则。

本条是法律适用规则，可从以下两个方面进行理解：

(1)人民法院、仲裁机构等在处理民事纠纷时，首先应当依照法律。这里的法律是指广义的法律，包括全国人大及其常委会制定的法律和国务院制定的行政法规，也不排除地方性法规、自治条例和单行条例等。

(2)法律没有规定的，可以适用不违背公序良俗的习惯。习惯，是指在一定地域、行业范围内长期为一般人确信并普遍遵守的民间习惯或者商业惯例。适用习惯要受到两个方面的限制：一是适用习惯的前提是法律没有规定。法律没有规定，就是相关的法律、行政法规、地方性法规对特定民事纠纷未作出规定。二是所适用的习惯不得违背公序良俗。因此，并非所有的习惯都可以作为处理民事纠纷的依据，只有不违背公序良俗的习惯才可以适用。当然，适用习惯也不得违背法律的基本原则。

关联法规

《最高人民法院关于适用〈中华人民共和国民法典〉总则编若干问题的解释》第2条

第十一条　【优先适用特别法】其他法律对民事关系有特别规定的，依照其规定。

条文注释

关于一般法与特别法的关系，《立法法》对此有专门规定。其第92条中规定，同一机关制定的法律，特别规定与一般规定不一致的，适用特别规定。我国制定了诸多民商事单行法，对特定领域的民事法律关系作出规范；《民法典》出台后将作为一般法，各民商事单行法作为特别法；根据《立法法》的规定，特别法的规定将优先适用。

对于《民法典》的规范适用问题，需要注意的是：(1)总则编与物权编、合同编、人格权编、婚姻家庭编、继承编、侵权责任编之间的关系。总则编是一般性规定，其他各分编中对相同问题有特殊规定的，应当先适用其他各分编的规定。(2)物权编、合同编、人格权编、婚姻家庭编、继承编、侵权责任编与其他民事单行法律的关系。相对于其他民事单行法律而言，《民法典》各分编属于一般性规定，在民事单行法律有特别规定时，需要优先适用民事单行法律。(3)《民法典》中物权编、合同编、人格权编、婚姻家庭编、继承编、侵权责任编之间的相互关系。除总则编以外的各分编需要根据《民法典》的规定来确定适用的法律规范。

关联法规

《立法法》第92、94条；《涉外民事关系法律适用法》第2条；《票据法》第96条；《最高人民法院关于适用〈中华人民共和国民法典〉总则编若干问题的解释》第1条

第十二条　【效力范围】中华人民共和国领域内的民事活动，适用中华人民共和国法律。法律另有规定的，依照其规定。

条文注释

民法的地域效力范围，是指民法在什么空间领域内适用。可以从以下两个方面来理解本条：

(1)在中华人民共和国领域内的民事活动，适用中华人民共和国法律。中华人民共和国领域包括中华人民共和国领土、领空、领海，以及根据国际法视为我国领域的我国驻外使馆，国籍为中国的船舶、航空器等。在中华人民共和国领域内的民事活动，一般来说都适用我国法律。

(2)法律另有规定的，依照其规定。其中最为重要的就是涉外民事关系的法律适用问题，关于涉外民事关系的法律适用，《涉外民事关系法律适用法》有专门的规定。除此之外，有些单行民事法律也对涉外民事关系的法律适用进行了规定。根据这些涉外民事关系适用的特别规定，在中华人民共和国领域内的涉外民事活动，应当根据特定的民事法律关系类型不同而具体适用相应的法律规范，并非一概必须适用中国法律。

关联法规

《涉外民事关系法律适用法》第 2 条；《海商法》第 269 条

第二章　自　然　人

第一节　民事权利能力和民事行为能力

第十三条　【自然人民事权利能力的起止】自然人从出生时起到死亡时止，具有民事权利能力，依法享有民事权利，承担民事义务。

条文注释

民事权利能力，是指民事主体参与民事法律关系，享有民事权利、承担民事义务的法律资格。法律规定了自然人的民事权利能力,也就确认了自然人的民事主体地位,这是自然人参与民事法律关系,依法享有民事权利、承担民事义务的前提。自然人的民事权利能力既包括自然人享有民事权利的资格,也包括自然人承担民事义务的资格。

通常认为,民事权利能力具有不可剥夺的特征。民事权利能力始于出生,终于死亡。在自然人生存期间,其民事权利能力不会丧失、消灭。法律不会对自然人的民事权利能力进行限制或者剥夺。自然人受到刑事处罚、丧失民事行为能力,即使在监狱服刑,或者被判处剥夺政治权利,也并不导致民事权利能力的减损或者消灭,自然人的民事权利能力这一法律资格不受影响。

理解民事权利能力还应注意:(1)民事权利能力是一种法律资格,是自然人取得民事权利的前提。自然人享有民事权利能力,并不等同于取得实际的民事权利。(2)民事权利能力是法律规定的,民事权利是自然人依据民事法律行为、事实行为、法律规定的事件或者法律规定的其他方式所取得的。(3)民事权利能力与自然人不可分离。自然人一旦出生,即具有民事权利能力,死亡是自然人丧失民事权利能力的唯一法定事由,并且民事权利能力不得以任何方式予以转让,也不能抛弃或者继承。

第十四条 【自然人民事权利能力平等】自然人的民事权利能力一律平等。

条文注释

自然人的民事权利能力一律平等,是一种法律资格的平等,是指自然人的民事权利能力不因民族、种族、性别、职业、家庭出身、宗教信仰等而有差别。

第十五条 【自然人出生和死亡时间的判断标准】自然人的出生时间和死亡时间,以出生证明、死亡证明记载的时间为准;没有出生证明、死亡证明的,以户籍登记或者其他有效身份登记记载的时间为准。有其他证据足以推翻以上记载时间的,以该证据证明的时间为准。

条文注释

出生和死亡均是法律事件，能够引起一定的法律关系的产生、变更或者消灭。

出生证明，即出生医学证明，记载新生儿的姓名、性别、出生时间、父母姓名等。出生医学证明由国家卫生健康委员会统一印制，以省、自治区、直辖市为单位统一编号。国家卫生与健康部门主管全国出生医学证明工作，委托各级卫生行政部门负责辖区内出生医学证明的具体事务管理工作。出生医学证明必须由批准开展助产技术服务并依法取得母婴保健技术服务许可证的医疗保健机构签发，并遵循严格的程序规范。

死亡证明，是指有关单位出具的证明自然人死亡的文书。主要包括以下几类：(1)公民死于医疗单位的，由医疗单位出具死亡医学证明书；(2)公民正常死亡但无法取得医院出具的死亡证明的，由社区、村(居)委会或者基层卫生医疗机构出具证明；(3)公民非正常死亡或者卫生部门不能确定是否属于正常死亡的，由公安司法部门出具死亡证明；(4)死亡公民已经火化的，由殡葬部门出具火化证明。

出生证明和死亡证明是记载出生时间和死亡时间的原始凭证，具有证明出生时间的准确性和规范性的作用。

户籍登记是国家公安机关按照国家户籍管理法律法规，对公民的身份信息进行登记记载的制度。本条规定的户籍登记包括出生登记和死亡登记。本条规定的户籍登记以外的其他有效身份登记，包括我国公民居住证、港澳同胞回乡证、台湾居民的有效旅行证件、外国人居留证等。

出生证明、死亡证明以及户籍登记或者其他有效身份登记记载的时间由于各种原因，也有可能出现记载错误的情况。如果有其他证据足以推翻出生证明、死亡证明以及户籍登记或者其他有效身份登记记载的时间的，应以该证据证明的时间为准。

关联法规

《户口登记条例》第7、8条；《居住证暂行条例》第2、4条；《出境入境管理法》第30、33条

第十六条　【胎儿利益的特殊保护】涉及遗产继承、接受赠与等胎儿利益保护的，胎儿视为具有民事权利能力。但是，胎儿娩出时为死体的，其民事权利能力自始不存在。

条文注释

自然人的民事权利能力始于出生，胎儿尚未与母体分离，不是独立的自然人，不能依据民事权利能力的一般规定进行保护。法律有必要对胎儿利益的保护作出特别规定。

本条从法律上明确规定胎儿在特定情形下视为具有民事权利能力。依据本条规定，涉及遗产继承、接受赠与等胎儿利益保护的，胎儿视为具有民事权利能力。

本条将胎儿利益保护的范围规定为“涉及遗产继承、接受赠与等胎儿利益保护的”。主要包括：(1)遗产继承不仅包括法定继承，也包括遗嘱继承、遗赠。胎儿是法定继承人的，按照法定继承取得相应的遗产份额；有遗嘱的，胎儿按照遗嘱继承取得遗嘱确定的份额。胎儿不是法定继承人的，被继承人也可以立遗嘱将个人财产赠与胎儿，将来按遗赠办理，胎儿取得遗产继承权。(2)接受赠与，是指赠与人可以将财产赠与胎儿，胎儿此时视为具有民事权利能力，享有接受赠与的权利。(3)除了遗产继承和接受赠与，实践中还有其他涉及胎儿利益保护的情况，因此本条用了一个“等”字，没有限定在继承范围以内，原则上也包括侵权等其他需要保护胎儿利益的情形。

关联法规

《最高人民法院关于适用〈中华人民共和国民法典〉总则编若干问题的解释》第4条；《最高人民法院关于适用〈中华人民共和国民法典〉继承编的解释(一)》第31条

第十七条　【成年人与未成年人的年龄标准】十八周岁以上的自然人为成年人。不满十八周岁的自然人为未成年人。

条文注释

本条规定了区分成年人和未成年人的年龄标准。在民法中区分成年人与未成年人的法律意义主要有以下几个方面:(1)判断民事法律行为的效力。成年人可以独立实施民事法律行为,未成年人只可以独立实施部分民事法律行为,实施其他民事法律行为要经过法定代理人的同意或者追认。(2)确定婚姻家庭关系中的权利义务。(3)设立监护。为了保护未成年人的人身、财产权利及其他合法权益,对未成年人应当设立监护人。父母是未成年人的监护人,未成年人的父母已经死亡或者没有监护能力的,依法由其他有监护能力的人担任监护人。但法律只对丧失或者部分丧失民事行为能力的成年人设立监护,依法确定监护人。

关联法规

《未成年人保护法》第2条

第十八条　【完全民事行为能力人】成年人为完全民事行为能力人,可以独立实施民事法律行为。

十六周岁以上的未成年人,以自己的劳动收入为主要生活来源的,视为完全民事行为能力人。

条文注释

民事行为能力,是指民事主体独立参与民事活动,以自己的行为取得民事权利或者承担民事义务的法律资格。民事行为能力与民事权利能力不同,民事权利能力是民事主体从事民事活动的前提,民事行为能力是民事主体从事民事活动的条件。所有自然人都有民事权利能力,但不一定都有民事行为能力。自然人一经出生即当然享有民事权利能力,但要独立从事民事活动,实施民事法律行为,还必须要具有相应的民事行为能力。自然人的辨识能力因年龄、智力、精神健康等因素不同而有差异。《民法典》根据自然人辨识能力的不同,将自然人的民事行为能力分为完全民事行为能力、限制民事行为能力和无民事行为能力。完全民事行为能力人具有健全的辨识能力,可以独立进行民事活动;限制民事行为能力人只能独立进行与其辨识能力相适应的民事活动;无民事行为能力人应当由其法定代理人代理实施民事活动。

本条实际上将完全民事行为能力人细分了两个层次：

(1)成年人，即年满18周岁的自然人，具有完全民事行为能力，为完全民事行为能力人，可以独立实施民事法律行为，并独立对民事法律行为的法律后果负责。但是，本条规定的成年人是指辨认识别能力正常的成年人，对于辨认识别能力不足的成年人则根据具体情况的不同归为限制民事行为能力人或者无民事行为能力人，不属于本条规定的范围。

(2)16周岁以上的未成年人，如果以自己的劳动收入为主要生活来源的，表明其已经具备成年人的辨识能力，可以独立实施民事法律行为，独立承担民事法律行为的后果，因此可以视为完全民事行为能力人。

关联法规

《劳动法》第15条；《预防未成年人犯罪法》第12条

第十九条 【限制民事行为能力的未成年人】八周岁以上的未成年人为限制民事行为能力人，实施民事法律行为由其法定代理人代理或者经其法定代理人同意、追认；但是，可以独立实施纯获利益的民事法律行为或者与其年龄、智力相适应的民事法律行为。

条文注释

本条将限制民事行为能力的未成年人的年龄下限标准由《民法通则》规定的10周岁下调为8周岁。

依据本条规定，8周岁以上的未成年人为限制民事行为能力人，心智发育仍然不够成熟，实施民事法律行为一般应当由其法定代理人代理，或者经其法定代理人同意、追认。(1)同意，是指事前同意，即限制民事行为能力的未成年人实施民事法律行为要经法定代理人的事前同意。(2)追认，是指事后追认，即限制民事行为能力的未成年人实施的民事法律行为要经过法定代理人的事后追认，才能对该未成年人发生效力。

但是，8周岁以上的未成年人已经具有一定的辨认识别能力，法律应当允许其独立实施一定的民事法律行为。8周岁以上的未成年人可以独立实施的民事法律行为包括两类:(1)纯获利益的民事法律行为,如接受赠与等。限制民事行为能力的未成年人通常不会因这类行为遭受不利益,可以独立实施。(2)与其年龄、智力相适应的民事法律行为,如8周岁的儿童购买学习用品等。限制民事行为能力的未成年人对实施这类行为有相应的认知能力,可以独立实施。

关联法规

《广告法》第33条;《公证法》第31条;《最高人民法院关于适用〈中华人民共和国民法典〉总则编若干问题的解释》第5条

第二十条 【无民事行为能力的未成年人】不满八周岁的未成年人为无民事行为能力人,由其法定代理人代理实施民事法律行为。

条文注释

无民事行为能力,是指不具有以自己的行为取得民事权利或者承担民事义务的资格。8周岁以下的未成年人,生理、心理发育很不成熟,对自己行为的辨认识别能力以及行为后果的预见能力非常不足,为了避免他们的权益受到损害,法律将其规定为无民事行为能力人。

第二十一条 【无民事行为能力的成年人】不能辨认自己行为的成年人为无民事行为能力人,由其法定代理人代理实施民事法律行为。

八周岁以上的未成年人不能辨认自己行为的,适用前款规定。

条文注释

在理解本条时应注意以下几个问题:

(1)本法第20条是关于无民事行为能力的未成年人的规定,而本条是关于无民事行为能力的成年人的规定,二者均规定的是无民事行为能力。

(2)本法第22条规定的是不能完全辨认自己行为的成年人,而本条规定的是不能辨认自己行为的成年人与8周岁以上的未成年人。不能辨认自己行为,是指对普通的事物和行为欠缺基本的认识判断能力,也不能正常预见自己行为的法律后果。而不能完全辨认自己行为,是指对比较复杂的行为不能作出正确的认识判断,也不能完全预见到自己行为的法律后果。

(3)本条第1款规定的不能辨认自己行为的成年人,是指对普通的事物和行为欠缺基本的认识判断能力,也不能正常预见自己行为的法律后果的成年人。本法第22条规定的是不能完全辨认自己行为的成年人,是指对比较复杂的行为不能作出正确的认识判断,也不能完全预见到自己行为的法律后果的成年人。

需要指出的是:(1)本条第1款中的"不能辨认自己行为"和第22条中的"不能完全辨认自己行为",是指辨认识别能力不足处于一种持续的状态,不能是暂行性或者短暂的状态如因酗酒,对自己的行为暂时没有辨认识别能力的成年人,不属于本法所称的无民事行为能力人或者限制民事行为能力人。(2)本条第2款规定的不能辨认自己行为的8周岁以上的未成年人,指患有智力障碍、精神障碍或者因其他疾病等原因导致心智不能正常发育,辨识能力严重不足的未成年人。这些未成年人如果按照正常的年龄以及心智发育程度,可以归入限制民事行为能力人,但因其对自己行为欠缺基本的辨认识别能力,为了防止其合法权益受到侵害,本条第2款将其归入无民事行为能力人的范畴。

第二十二条　【限制民事行为能力的成年人】不能完全辨认自己行为的成年人为限制民事行为能力人,实施民事法律行为由其法定代理人代理或者经其法定代理人同意、追认;但是,可以独立实施纯获利益的民事法律行为或者与其智力、精神健康状况相适应的民事法律行为。

条文注释

因智力障碍、精神障碍以及其他疾病导致不能完全辨认自己行为的成年人,均为限制民事行为能力人。限制民事行为能力的成年人对普通的事物和行为有基本的认识判断能力,但对于比较复杂的事物或者比较重大的行为缺乏判断能力和自我保护能力,并且不能预见其行为后果。

限制民事行为能力的成年人与限制民事行为能力的未成年人既有相同之处,又有不同之处。(1)相同之处在于,这两类限制民事行为能力的自然人均可以独立实施纯获利益的民事法律行为。(2)不同之处在于,限制民事行为能力的未成年人可以独立实施与其年龄、智力相适应的民事法律行为,限制民事行为能力的成年人可以独立实施与其智力、精神健康状况相适应的民事法律行为。未成年人的年龄直接影响其社会阅历和知识能力,其智力仍处于正常发育阶段,还没有完全发育成熟,年龄、智力这两个因素是影响未成年人认知能力的两个最重要因素。与未成年人处于正常的智力发育阶段不同,限制民事行为能力的成年人实施民事法律行为需要考虑的智力因素,包括先天的智力障碍,在正常的智力发育期由于各种原因导致的智力低下,以及智力发育成熟后,由于疾病、意外事故等各种原因引起的智力损伤和老年期的智力明显衰退导致的痴呆等。限制民事行为能力的成年人实施民事法律行为需要考虑的精神健康因素主要指因精神疾病引起的认知判断能力不足的情况,不能正常参与民事活动,不能从事较为复杂的民事法律行为。

关于"与其智力、精神健康状况相适应"的认定,应当结合限制民事行为能力的成年人的智力、精神健康状况、行为的性质、标的数额等因素进行综合判断,没有统一的标准。

关联法规

《最高人民法院关于适用〈中华人民共和国民法典〉总则编若干问题的解释》第5条

第二十三条 【法定代理人】无民事行为能力人、限制民事行为能力人的监护人是其法定代理人。

条文注释

法律对具有监护资格的人、监护人的选任、监护的设立方式、监护职责等都作出了严格、明确的规定。将无民事行为能力人、限制民事行为能力人的监护人规定为法定代理人，有利于保护无民事行为能力人、限制民事行为能力人的人身、财产及其他合法权益。

代理无民事行为能力人、限制民事行为能力人实施民事法律行为是监护人履行监护职责的重要内容。监护人在保护被监护人的身心健康，照顾被监护人的生活，管理和保护被监护人的财产过程中，都必不可少地要代理被监护人从事一些民事法律行为，如签订合同等。赋予监护人法定代理人资格，方便监护人更好地履行监护职责，同时也可以对这种代理行为按照本法关于代理的规定加以规范，更好地保护无民事行为能力人、限制民事行为能力人的利益。

关联法规

《最高人民法院关于适用〈中华人民共和国民法典〉总则编若干问题的解释》第4条

第二十四条　【无民事行为能力人或限制民事行为能力人的认定与恢复】不能辨认或者不能完全辨认自己行为的成年人，其利害关系人或者有关组织，可以向人民法院申请认定该成年人为无民事行为能力人或者限制民事行为能力人。

被人民法院认定为无民事行为能力人或者限制民事行为能力人的，经本人、利害关系人或者有关组织申请，人民法院可以根据其智力、精神健康恢复的状况，认定该成年人恢复为限制民事行为能力人或者完全民事行为能力人。

本条规定的有关组织包括：居民委员会、村民委员会、学校、医疗机构、妇女联合会、残疾人联合会、依法设立的老年人组织、民政部门等。

条文注释

本条中的“利害关系人”的情况比较复杂，其具体范围无法通过立法明确规定，应当具体情况具体分析。一般而言，第1款规定的“利害关系人”的范围，主要包括本人的近亲属、债权债务人等。第2款规定的“利害关系人”的范围，主要包括本人的监护人、债权债务人等。但具体案件中,这些主体是否都有资格向法院提出申请,也要在个案中根据实际情况作出判断。认定利害关系人是不是适格的申请主体,需要看本人的民事行为能力状况对其是否有重要意义或影响。

无民事行为能力或者限制民事行为能力的认定对成年人的权益影响重大。将成年人认定为无民事行为能力人或者限制民事行为能力人,既是对辨认识别能力不足的成年人的保护,也是对这些成年人自由实施民事法律行为的限制,因此必须通过法定程序进行。

关联法规

《民事诉讼法》第194~196条

第二十五条　【自然人的住所】自然人以户籍登记或者其他有效身份登记记载的居所为住所;经常居所与住所不一致的,经常居所视为住所。

条文注释

住所,是指民事主体进行民事活动的中心场所或者主要场所。自然人的住所一般指自然人长期居住、较为固定的居所。自然人的住所对婚姻登记、宣告失踪、宣告死亡、债务履行地、司法管辖、诉讼送达等具有重要的法律意义。

居所,是指自然人实际居住的一定处所,其与住所的区别是,一个自然人可以同时有两个或者多个居所,但只能有一个住所。一般的居所都是自然人临时居住,为暂时性的,住所则为长期固定的。

户籍登记是国家公安机关按照国家户籍管理法律法规,对公民的身份信息进行登记记载的制度。公民应当在经常居住地的公安机关进行户籍登记,户籍登记记载的居所即是其长期居住、较为固定的居所。

本条中的"其他有效身份登记"主要包括居住证和外国人的有效居留证件等。《居住证暂行条例》对居住证的申领条件、记载内容等作出规定。该条例第2条规定,公民离开常住户口所在地,到其他城市居住半年以上，符合有合法稳定就业、合法稳定住所、连续就读条件之一的，可以依照该条例的规定申领居住证。居住证记载的居住地住址也可以作为公民住所，这有利于公民正常从事民事活动，在出现民事纠纷时，便利公民起诉应诉。此外，对外国人、无国籍人等在中国的住所，可以根据我国主管机关遵循法定程序签发的有效居留证件等进行判断。

关联法规

《户口登记条例》第 6 条；《居住证暂行条例》第 4 条

第二节　监　　护

第二十六条　【父母子女之间的法律义务】父母对未成年子女负有抚养、教育和保护的义务。

成年子女对父母负有赡养、扶助和保护的义务。

条文注释

父母对未成年子女的抚养、教育和保护义务，主要包括进行生活上的照料，保障未成年人接受义务教育，以适当的方式、方法管理和教育未成年人，保护未成年人的人身、财产不受到侵害，促进未成年人的身心健康发展等。本法婚姻家庭编、《未成年人保护法》等对此作出了较为具体的规定。

成年子女对父母的赡养、扶助和保护义务，主要包括子女对丧失劳动能力或生活困难的父母，要进行生活上的照料和经济上的供养，从精神上慰藉父母，保护父母的人身、财产权益不受侵害。本法婚姻家庭编、《老年人权益保障法》等对此作了较为具体的规定。

关联法规

《宪法》第 49 条；《老年人权益保障法》第 14 条；《未成年人保护法》第 7、15 条

第二十七条 【未成年人的监护人】父母是未成年子女的监护人。

未成年人的父母已经死亡或者没有监护能力的，由下列有监护能力的人按顺序担任监护人：

（一）祖父母、外祖父母；

（二）兄、姐；

（三）其他愿意担任监护人的个人或者组织，但是须经未成年人住所地的居民委员会、村民委员会或者民政部门同意。

条文注释

本条第1款规定，父母是未成年子女的监护人。父母具有抚养、教育和保护未成年子女的法定义务，与未成年子女的关系最为密切，对未成年人的健康成长至关重要。基于此，父母无条件地成为未成年人的法定监护人。只有在父母死亡或者没有监护能力的情况下，才可以由其他个人或者有关组织担任监护人。

本条第2款对父母之外的其他个人或者组织担任监护人作出规定。第2款在《民法通则》相关规定的基础上，主要从两个方面进行了完善：

（1）规定父母之外具有监护能力的人“按顺序”担任监护人。一是本条明确具有监护资格的人按照顺序担任监护人，主要目的在于防止具有监护资格的人之间互相推卸责任。如果两个或者两个以上具有监护资格的人，都愿意担任监护人，也可以按照本条规定的顺序确定监护人，或者依照本法第30条规定进行协商；协商不成的，按照本法第31条规定的监护争议解决程序处理，由居民委员会、村民委员会、民政部门或者人民法院按照最有利于被监护人的原则指定监护人，不受本条规定的“顺序”的限制，但本条仍可作为依据。二是依照本条规定的顺序应当担任监护人的个人认为自己不适合担任监护人，或者认为其他具有监护资格的人更适合担任监护人的，可以依照本法第30条规定进行协商；协商不成的，通过本法第31条规定的监护争议解决程序处理，由居民委员会、村民委员会、民政部门或者人民法院综合各方面情况，根据最有利于被监护人的原则在依法具有监护资格的人中指定监护人。

(2)增加了有关"组织"担任监护人的规定。本条第2款第3项将《民法通则》规定的自愿担任监护人的"关系密切的其他亲属、朋友"修改为愿意担任监护人的"个人",进一步扩大了监护人的范围,尽量避免无人担任监护人的情况。依据本法规定,愿意担任监护人的"个人"成为监护人,也必须经过未成年人住所地的居民委员会、村民委员会或者民政部门同意,要具有监护能力,有利于未成年人健康成长。

关联法规

《最高人民法院关于适用〈中华人民共和国民法典〉总则编若干问题的解释》第7、8条

第二十八条　【无、限制民事行为能力的成年人的监护人】无民事行为能力或者限制民事行为能力的成年人,由下列有监护能力的人按顺序担任监护人:

(一)配偶;

(二)父母、子女;

(三)其他近亲属;

(四)其他愿意担任监护人的个人或者组织,但是须经被监护人住所地的居民委员会、村民委员会或者民政部门同意。

条文注释

本条在《民法通则》规定的基础上,增加了具有监护资格的人"按顺序"担任监护人、愿意担任监护人的"组织"担任监护人的规定,并将愿意担任监护人的"关系密切的其他亲属、朋友"修改为愿意担任监护人的"个人",扩大了监护人的范围。

本条规定的需要设立监护的成年人为无民事行为能力人或者限制民事行为能力人,包括因智力、精神障碍以及因年老、疾病等各种原因,导致辨识能力不足的成年人。对成年人监护,要正确区分失能与失智的区别。失能是失去生活自理能力,失智即辨识能力不足。失能的成年人未必需要监护,只有失智的成年人需要监护。

依据本条规定，具有监护资格的人有以下几类：(1)配偶。成年男女达到法定婚龄，通过结婚登记程序，缔结婚姻关系，产生法律权利义务关系。(2)父母、子女。父母子女之间既具有天然的情感，又具有法定的抚养、赡养关系，适宜担任监护人。(3)其他近亲属。这包括祖父母、外祖父母、孙子女、外孙子女、兄弟姐妹。(4)其他愿意担任监护人的个人或者组织，但是须经被监护人住所地的居民委员会、村民委员会或者民政部门同意。

关联法规

《最高人民法院关于适用〈中华人民共和国民法典〉总则编若干问题的解释》第7、8条

第二十九条　【遗嘱指定监护人】被监护人的父母担任监护人的，可以通过遗嘱指定监护人。

条文注释

被监护人(包括未成年人、无民事行为能力或者限制民事行为能力的成年人)的父母可以通过立遗嘱的形式为被监护人指定监护人，但前提是被监护人的父母正在担任监护人；父母如果因丧失监护能力没有担任监护人，或者因侵害被监护人合法权益被撤销监护人资格等不再担任监护人，则不宜再通过立遗嘱的形式为被监护人指定监护人。

此外，还应注意本条与本法第27条、第28条规定的法定监护之间的关系：(1)遗嘱指定监护具有优先地位。遗嘱指定监护是父母通过立遗嘱选择值得信任并对保护被监护人权益最为有利的人担任监护人，应当优先于法定监护。(2)遗嘱指定监护指定的监护人，也应当不限于本法第27条、第28条规定的具有监护资格的人。但是，遗嘱指定的监护人应当具有监护能力，能够履行监护职责。如果遗嘱指定后，客观情况发生变化，遗嘱指定的监护人因患病等原因丧失监护能力，或者因出国等各种原因不能够履行监护职责，就不能执行遗嘱指定监护，应当依法另行确定监护人。

关联法规

《最高人民法院关于适用〈中华人民共和国民法典〉总则编若干问题的解释》第7条

第三十条　【协议确定监护人】依法具有监护资格的人之间可以协议确定监护人。协议确定监护人应当尊重被监护人的真实意愿。

条文注释

本条规定的协议监护可以不按照第27条、第28条规定的顺序确定监护人。具有监护资格的人之间可以根据各自与被监护人的生活联系状况、经济条件、能够提供的教育条件或者生活照料措施等,在尊重被监护人意愿的基础上,经过充分协商,选择合适的监护人。

依据本条规定,协议监护具有以下几个特点:(1)协议主体必须是依法具有监护资格的人,即本法第27条、第28条规定的具有监护资格的人。未成年人的父母有监护能力的,不得与其他人签订协议,确定由其他人担任监护人,推卸自身责任。对于未成年人,协议监护只限于父母死亡或者没有监护能力的情况。(2)协议确定的监护人必须从具有监护资格的人之间产生,不得在法律规定的具有监护资格的人之外确定监护人。在具有监护资格的人之外确定监护人的,协议监护无效。(3)协议监护是具有监护资格的人合意的结果,合意产生后,由协议确定的监护人担任监护人,履行监护职责。监护人一旦确定,即不得擅自变更,否则要承担相应的法律责任。(4)协议确定监护人对被监护人的利益影响重大,应当充分尊重被监护人的真实意愿。这并不是简单的征求被监护人的意见,要结合多种情况进行综合考量判断,探求其内心真实的愿望。

关联法规

《最高人民法院关于适用〈中华人民共和国民法典〉总则编若干问题的解释》第8、12条

第三十一条 【监护争议解决程序】对监护人的确定有争议的，由被监护人住所地的居民委员会、村民委员会或者民政部门指定监护人，有关当事人对指定不服的，可以向人民法院申请指定监护人；有关当事人也可以直接向人民法院申请指定监护人。

居民委员会、村民委员会、民政部门或者人民法院应当尊重被监护人的真实意愿，按照最有利于被监护人的原则在依法具有监护资格的人中指定监护人。

依据本条第一款规定指定监护人前，被监护人的人身权利、财产权利以及其他合法权益处于无人保护状态的，由被监护人住所地的居民委员会、村民委员会、法律规定的有关组织或者民政部门担任临时监护人。

监护人被指定后，不得擅自变更；擅自变更的，不免除被指定的监护人的责任。

条文注释

本条是关于监护争议解决程序的规定。可以从以下五个方面进行理解：

(1)对监护人的确定有争议情况下的两种解决途径：一是由被监护人住所地的居民委员会、村民委员会或者民政部门指定监护人。该指定不具有终局效力。有关当事人对该指定不服的，可以向法院提出申请，由法院指定监护人。法院的指定具有终局效力，被指定的监护人应当履行监护职责，不得推卸。二是有关当事人可以不经居民委员会、村民委员会或者民政部门的指定，直接向法院提出申请，由法院指定监护人。

(2)“对监护人的确定有争议的”既包括争当监护人的情况，也包括推卸拒不担当监护人的情况，主要包括以下几类情形：一是具有监护资格的人均认为自己适合担任监护人，争当监护人；二是按照本法第27条、第28条规定的顺序应当担任监护人的，认为自己没有监护能力，无法履行监护职责或者认为其他具有监护资格的人更适宜担任监护人的；三是后一顺序具有监护资格的人要求前一顺序具有监护资格的人依法履行监护职责的；四是具有监护资格的人均推卸监护职责，拒不担当监护人的情况。

(3)第2款规定的“按照最有利于被监护人的原则”指定，是指居民委员会、村民委员会、民政部门或者人民法院指定监护人并不需要遵照本法第27条第2款、第28条规定的顺序，而应当结合具有监护资格的人与被监护人的生活情感联系、有无利害冲突，具有监护资格的人的品行、身体状况、经济条件以及能够为被监护人提供的教育水平或者生活照料措施等，综合进行判断，并尊重被监护人的真实意愿，选择最有利于被监护人健康成长或者健康恢复、最利于保护被监护人合法权益的人担任监护人。

(4)第3款规定了临时监护制度。本款中的“依据本条第一款规定指定监护人前”应当从宽理解，不能仅限于监护争议解决期间。从时间点上，应当包括以下两个期间：一是监护争议解决程序启动之后，即居民委员会、村民委员会、民政部门开始处理监护争议或者人民法院受理监护申请之后，至指定监护人之前的期间；二是监护争议解决程序启动之前，只要发现因无人履行监护职责，被监护人的合法权益处于无人保护状态的，就由本条规定的居民委员会、村民委员会、法律规定的有关组织或者民政部门担任临时监护人，随后再依法启动监护争议解决程序，指定监护人。

(5)第4款规定了指定监护的法律效力。依照监护争议解决程序，由居民委员会、村民委员会、民政部门或者人民法院指定监护人后，被指定的监护人应当履行监护职责，不得推卸，不得擅自变更。如果擅自变更为由其他人担任监护人的，不免除被指定的监护人的责任。被监护人侵害他人的合法权益，或者被监护人自身受到损害的，被指定的监护人仍应当承担责任，擅自变更后的监护人也要根据过错程度承担相应的责任。

关联法规

《最高人民法院关于适用〈中华人民共和国民事诉讼法〉的解释》第351条；《最高人民法院关于适用〈中华人民共和国民法典〉总则编若干问题的解释》第9、10条

第三十二条　【公职监护人】没有依法具有监护资格的人的，监护人由民政部门担任，也可以由具备履行监护职责条件的被监护人住所地的居民委员会、村民委员会担任。

条文注释

本条规定的"没有依法具有监护资格的人的"，主要指没有本法第27～28条规定的具有监护资格的人的情况，即被监护人的父母死亡或者没有监护能力，也没有其他近亲属，或者其他近亲属都没有监护能力，而且没有符合条件的其他愿意担任监护人的个人或者组织。如果存在具有监护资格的人，但其拒绝担任监护人的，不适用本条规定。

与《民法通则》相比，本条作出以下调整：(1)删去了未成年人的父母所在单位、成年被监护人所在单位担任监护人的规定；(2)强化了民政部门的职责，由民政部门担任兜底性的监护人；(3)规定具备履行监护职责条件的居民委员会、村民委员会也可以担任监护人。

关联法规

《最高人民法院关于适用〈中华人民共和国民事诉讼法〉的解释》第83条

第三十三条　【意定监护】具有完全民事行为能力的成年人，可以与其近亲属、其他愿意担任监护人的个人或者组织事先协商，以书面形式确定自己的监护人，在自己丧失或者部分丧失民事行为能力时，由该监护人履行监护职责。

条文注释

意定监护作为一种确定监护人的方式，是相对于法定监护来说的。意定监护是对成年人完全基于自己意愿选择监护人的尊重，自己意愿是起决定性的；法定监护是基于法律规定的条件和程序确定监护人，本法第27～32条对此作了规定。

需要注意的是，意定监护不同于本法第30条规定的协议确定监护人，后者仍然属于法定监护方式，协议的主体是具有监护资格的人。一般而言,意定监护优先法定监护予以适用。法律设立意定监护制度即是要尊重成年人自己的意愿,当然具有优先适用的地位。只有在意定监护协议无效或者因各种原因,例如协议确定的监护人丧失监护能力,监护协议无法履行的情况下,才适用法定监护。

关联法规

《老年人权益保障法》第 26 条;《最高人民法院关于适用〈中华人民共和国民法典〉总则编若干问题的解释》第 11 条

第三十四条 【监护人的职责与权利及临时生活照料措施】 监护人的职责是代理被监护人实施民事法律行为,保护被监护人的人身权利、财产权利以及其他合法权益等。

监护人依法履行监护职责产生的权利,受法律保护。

监护人不履行监护职责或者侵害被监护人合法权益的,应当承担法律责任。

因发生突发事件等紧急情况,监护人暂时无法履行监护职责,被监护人的生活处于无人照料状态的,被监护人住所地的居民委员会、村民委员会或者民政部门应当为被监护人安排必要的临时生活照料措施。

条文注释

本条第 1 款规定了监护人的职责。本款将"代理被监护人实施民事法律行为"从监护职责中单列出来进行强调。监护人保护被监护人的人身权利、财产权利以及其他合法权益的职责,主要包括:保护被监护人的身心健康,促进未成年人的健康成长;管理和保护被监护人的财产等。相关单行法也对监护人的监护职责作出了较为具体的规定,如《未成年人保护法》《精神卫生法》。

本条第 2 款规定了监护人因履行监护职责所产生的权利。监护人在履行监护职责的过程中,也会因此享有一定的权利。监护人行使这些权利时,其他人不得侵害或者剥夺。相关单行法也对监护人因履行监护职责所产生的权利作出规定,如《广告法》《母婴保健法》。

本条第 3 款规定了监护人的责任。主要包括两个方面:(1)对被监护人的侵权行为承担责任；(2)监护人不履行监护职责或者侵害被监护人合法权益，造成被监护人人身、财产损害的，应当承担民事责任。

本条第4款规定了临时生活照料。因发生疫情等突发事件的紧急情况，监护人因被隔离、治疗或者其他原因，暂时无法履行监护职责，此时被监护人的生活如果处于无人照料状态的，为了被监护人的利益，居民委员会、村民委员会或者政府部门就应当安排对被监护人进行临时生活照料。

关联法规

《未成年人保护法》第21条；《母婴保健法》第19条；《精神卫生法》第31、49条；《最高人民法院关于适用〈中华人民共和国民法典〉总则编若干问题的解释》第13条

第三十五条 【监护人履行职责的原则与要求】监护人应当按照最有利于被监护人的原则履行监护职责。监护人除为维护被监护人利益外，不得处分被监护人的财产。

未成年人的监护人履行监护职责，在作出与被监护人利益有关的决定时，应当根据被监护人的年龄和智力状况，尊重被监护人的真实意愿。

成年人的监护人履行监护职责，应当最大程度地尊重被监护人的真实意愿，保障并协助被监护人实施与其智力、精神健康状况相适应的民事法律行为。对被监护人有能力独立处理的事务，监护人不得干涉。

条文注释

本条确立了监护人履行监护职责的两项基本原则：一是最有利于被监护人的原则；二是尊重被监护人意愿的原则。

本条第1款确立了最有利于被监护人的原则。依据本款规定，对未成年人和成年被监护人的监护，均要遵循最有利于被监护人的原则，即监护人在保护被监护人的人身权利、财产权利及其他合法权益的过程中，要综合各方面因素进行权衡，选择最有利于被监护人的方

案，采取最有利于被监护人的措施，使被监护人的利益最大化。本款还规定，除为维护被监护人利益外，监护人不得处分被监护人的财产。对被监护人财产的处分，必须是为维护被监护人的利益，如为了被监护人的生活、教育等，并且也要符合最有利于被监护人的原则。

本条第2款规定了尊重未成年人意愿的原则。本条第3款规定了最大程度地尊重成年被监护人意愿的原则。与第2款的规定有所区别，对成年被监护人的意愿，要做到“最大程度地”尊重。最大程度地尊重被监护人的真实意愿是成年人的监护人履行监护职责的基本原则，贯穿于履行监护职责的方方面面。如果某项民事法律行为，根据被监护人的智力、精神健康状况，被监护人可以独立实施，监护人不得代理实施，要创造条件保障、支持被监护人独立实施。监护人不得干涉被监护人有能力独立处理的事务，促进被监护人按照自己的意愿独立、正常生活。

关联法规

《未成年人保护法》第19条；《最高人民法院关于适用〈中华人民共和国民法典〉总则编若干问题的解释》第5条

第三十六条　【撤销监护人资格】监护人有下列情形之一的，人民法院根据有关个人或者组织的申请，撤销其监护人资格，安排必要的临时监护措施，并按照最有利于被监护人的原则依法指定监护人：

（一）实施严重损害被监护人身心健康的行为；

（二）怠于履行监护职责，或者无法履行监护职责且拒绝将监护职责部分或者全部委托给他人，导致被监护人处于危困状态；

（三）实施严重侵害被监护人合法权益的其他行为。

本条规定的有关个人、组织包括：其他依法具有监护资格的人，居民委员会、村民委员会、学校、医疗机构、妇女联合会、残疾人联合会、未成年人保护组织、依法设立的老年人组织、民政部门等。

前款规定的个人和民政部门以外的组织未及时向人民法院申请撤销监护人资格的，民政部门应当向人民法院申请。

条文注释

本条第1款规定了撤销监护人资格诉讼的适用情形:(1)实施严重损害被监护人身心健康行为的;(2)怠于履行监护职责,或者无法履行监护职责且拒绝将监护职责部分或者全部委托给他人,导致被监护人处于危困状态的;(3)兜底性规定,只要有严重侵害被监护人合法权益行为的,均可以撤销监护人资格。

本条第2款对有权向法院申请撤销监护人资格的主体作出规定,包括其他依法具有监护资格的人,居民委员会、村民委员会、学校、医疗机构、妇女联合会、残疾人联合会、未成年人保护组织、依法设立的老年人组织、民政部门等。"其他依法具有监护资格的人"主要依据本法第27~28条的规定确定。例如,配偶担任监护人的,其他依法具有监护资格的人,指本法第28条规定的父母、子女、其他近亲属、经被监护人住所地的居民委员会、村民委员会或者民政部门同意的其他愿意担任监护人的个人或者组织。

本条第3款对兜底性的申请主体作出规定。要正确理解本款与第2款赋予民政部门申请主体资格的关系。民政部门只要是发现具有严重侵害被监护人合法权益的情形,即可依据本条第2款规定,向法院申请撤销监护人资格,不需要等到其他个人或者组织都不向法院申请之后再行申请。如果其他个人或者组织都不向法院申请撤销监护人资格,此时,民政部门应当依照第3款规定,主动向法院提出申请。

关联法规

《未成年人保护法》第108条;《反家庭暴力法》第21条;《最高人民法院、最高人民检察院、公安部、民政部关于依法处理监护人侵害未成年人权益行为若干问题的意见》第27条;《最高人民法院关于适用〈中华人民共和国民法典〉总则编若干问题的解释》第9、11条

第三十七条　【监护人资格被撤销后负担义务不免除】依法负担被监护人抚养费、赡养费、扶养费的父母、子女、配偶等,被人民法院撤销监护人资格后,应当继续履行负担的义务。

条文注释

监护人被撤销监护人资格后，就不能再继续履行监护职责。但法定扶养义务是基于血缘等关系确立的法律义务，该义务不因监护人资格的撤销而免除。

本法确立的法定扶养义务主要有四类：(1)父母、子女之间的扶养、赡养义务；(2)夫妻之间的扶养义务；(3)祖父母、外祖父母与孙子女、外孙子女之间的抚养、赡养义务；(4)兄、姐与弟、妹之间的扶养义务。

依据本条规定，在具有法定扶养义务的人担任监护人的情况下，监护人资格被撤销，不再担任监护人后，具有法定扶养义务的人仍应继续负担抚养费、赡养费、扶养费。《未成年人保护法》《反家庭暴力法》已经针对各自的领域作出了相同规定。与《未成年人保护法》《反家庭暴力法》的规定相比，本条属于一般性规定，适用于所有具有法定扶养义务的人被撤销监护人资格的情形。只要具有法定扶养义务的人因严重侵害被监护人合法权益被撤销监护人资格的，均应继续履行负担抚养费、赡养费、扶养费的义务。

关联法规

《未成年人保护法》第108条；《反家庭暴力法》第21条

第三十八条　【恢复监护人资格】被监护人的父母或者子女被人民法院撤销监护人资格后，除对被监护人实施故意犯罪的外，确有悔改表现的，经其申请，人民法院可以在尊重被监护人真实意愿的前提下，视情况恢复其监护人资格，人民法院指定的监护人与被监护人的监护关系同时终止。

条文注释

依据本条规定，恢复监护人资格必须要向法院申请，由人民法院决定是否予以恢复。父母与子女是最近的直系亲属关系，本条适用的对象仅限于被监护人的父母或者子女，其他个人或者组织的监护人资格一旦被撤销，即不再恢复。被监护人的父母或者子女被撤销监护人资格后，再恢复监护人资格还需要满足以下几个条件：

(1)没有对被监护人实施故意犯罪的情形,如对被监护人实施性侵害、虐待、遗弃等构成刑事犯罪的,不得恢复监护人资格。但对因过失犯罪,例如因过失导致被监护人受到伤害等被撤销监护人资格的,则可以根据具体情况来判断是否恢复监护人资格。

(2)确有悔改表现,即被监护人的父母或者子女不但要有悔改的意愿,还要有实际的悔改表现,这需要由人民法院根据具体情形予以判断。

(3)要尊重被监护人的真实意愿,如果被监护人不愿意让父母或者子女继续担任监护人的,则不得恢复监护人资格。

(4)即使符合以上条件,法院也需要综合考虑各方面情况,从有利于被监护人权益保护的角度,决定是否恢复监护人资格。

第三十九条 【监护关系终止的情形】有下列情形之一的,监护关系终止:

(一)被监护人取得或者恢复完全民事行为能力;

(二)监护人丧失监护能力;

(三)被监护人或者监护人死亡;

(四)人民法院认定监护关系终止的其他情形。

监护关系终止后,被监护人仍然需要监护的,应当依法另行确定监护人。

条文注释

本条第1款对监护关系的终止列举了三类典型情形,并作了兜底性规定。

依据本条第2款的规定,在有些监护关系终止的情形中,例如监护人死亡、丧失监护能力或者被撤销监护人资格等,被监护人仍然需要监护的,就应当根据具体情况,依据法律的规定另行确定监护人。对于监护人死亡或者丧失监护能力等情形,可以依照本法第27~32条重新确定监护人。对于撤销监护人资格的,由人民法院依照本法第36条的规定,按照最有利于被监护人的原则依法指定监护人。

关联法规

《最高人民法院关于适用〈中华人民共和国民法典〉总则编若干问题的解释》第6、12条

第三节　宣告失踪和宣告死亡

第四十条　【宣告失踪的条件】自然人下落不明满二年的，利害关系人可以向人民法院申请宣告该自然人为失踪人。

条文注释

宣告失踪，是指自然人下落不明达到法定的期限，经利害关系人申请，人民法院依照法定程序宣告其为失踪人的制度。

宣告失踪的条件包含三个层次：第一，自然人下落不明满2年。下落不明，是指自然人持续不间断地没有音讯的状态。第二，利害关系人向人民法院申请。第三，由人民法院依据法定程序进行宣告。

关联法规

《民事诉讼法》第190、192条；《最高人民法院关于适用〈中华人民共和国民事诉讼法〉的解释》第347条；《最高人民法院关于适用〈中华人民共和国民法典〉总则编若干问题的解释》第14条

第四十一条　【下落不明的时间计算】自然人下落不明的时间自其失去音讯之日起计算。战争期间下落不明的，下落不明的时间自战争结束之日或者有关机关确定的下落不明之日起计算。

条文注释

需要说明的是，本条关于下落不明的时间如何计算的规定，虽然规定在宣告失踪条件的规定之后，但不仅适用于宣告失踪的情形，也适用于宣告死亡的情形，这是立法的本意。

第四十二条　【失踪人的财产代管人】失踪人的财产由其配偶、成年子女、父母或者其他愿意担任财产代管人的人代管。

代管有争议，没有前款规定的人，或者前款规定的人无代管能力的，由人民法院指定的人代管。

第四十三条　【财产代管人的职责】财产代管人应当妥善管理失踪人的财产，维护其财产权益。

失踪人所欠税款、债务和应付的其他费用，由财产代管人从失踪人的财产中支付。

财产代管人因故意或者重大过失造成失踪人财产损失的，应当承担赔偿责任。

条文注释

本条是关于财产代管人职责的规定。第1款是对财产代管人维护失踪人权益的原则规定。财产代管人负有像对待自己事务一样的注意义务，来管理失踪人的财产，既包括对失踪人财产的保管，也包括作为代理人收取失踪人的到期债权。该种管理财产的行为通常是无偿的。第2款是对财产代管人履行失踪人应当履行的义务的规定。财产代管人的职责不仅是维护失踪人的财产权益，还包括代失踪人履行义务，即依照本条规定，从失踪人的财产中支付失踪人所欠税款、债务和应付的其他费用。第3款是对财产代管人造成失踪人财产损失，应当承担赔偿责任的规定。由于失踪人的代管人从事的是一种无偿的行为，只有在代管人故意或者重大过失造成失踪人的财产损失时，才应当承担赔偿责任，对于一般的过失造成的损失不承担赔偿责任。存在这种情形的，在失踪人失踪期间，失踪人的利害关系人可以向人民法院请求财产代管人承担民事责任，并可以依照本法第44条的规定，向人民法院申请变更财产代管人。

关联法规

《最高人民法院关于民事执行中变更、追加当事人若干问题的规定》第2条；《最高人民法院关于适用〈中华人民共和国民事诉讼

法〉的解释》第 343 条;《最高人民法院关于适用〈中华人民共和国民法典〉总则编若干问题的解释》第 15 条

第四十四条　【财产代管人的变更】财产代管人不履行代管职责、侵害失踪人财产权益或者丧失代管能力的,失踪人的利害关系人可以向人民法院申请变更财产代管人。

财产代管人有正当理由的,可以向人民法院申请变更财产代管人。

人民法院变更财产代管人的,变更后的财产代管人有权请求原财产代管人及时移交有关财产并报告财产代管情况。

条文注释

变更财产代管人需要有法定的事由。依照本条第 1 款的规定,如果出现财产代管人不履行代管职责、侵害失踪人财产权益或者丧失代管能力等事由,表明该财产代管人已经不再适格,则失踪人的利害关系人就可以向人民法院申请变更财产代管人。主要包括以下三种情形:

(1)财产代管人不履行职责,既可以表现为不行使失踪人权利,比如不收取失踪人债权,也可以表现为不履行失踪人应当履行的义务,如不清偿债务、缴纳税款等。(2)侵害失踪人财产权益,可以表现为不当处分失踪人的财产,滥用代管权对失踪人的财产挥霍浪费,与他人恶意串通侵夺失踪人的财产等。(3)财产代管人丧失代管能力,可以表现为财产代管人丧失了行为能力。出现上述情形,明显对失踪人不利,甚至会严重侵害失踪人的财产利益。因此,本条第 1 款规定这些情况下失踪人的利害关系人可以向人民法院申请变更财产代管人。这里的利害关系人既包括失踪人的近亲属,也包括其他利害关系人,如失踪人的债权人。

财产代管人确定后,一般情况下不得变更,如果有本条第 1 款情形的,失踪人的利害关系人可以向人民法院申请变更财产代管人。但实践中还会出现一种情况,就是财产代管人有正当理由,比如由于工作、学习等原因离开财产所在地,无法再继续履行财产代管职责，此时，应当允许其向人民法院申请变更财产代管人。本条第2款对此作了明确规定。

根据本条第1～2款的规定人民法院变更财产代管人后，为了方便变更后的财产代管人及时了解财产状况，更好地管理失踪人的财产，其有权请求原财产代管人及时移交有关财产并报告财产代管情况。

关联法规

《最高人民法院关于适用〈中华人民共和国民事诉讼法〉的解释》第344条

第四十五条 【失踪宣告的撤销】失踪人重新出现，经本人或者利害关系人申请，人民法院应当撤销失踪宣告。

失踪人重新出现，有权请求财产代管人及时移交有关财产并报告财产代管情况。

条文注释

失踪宣告撤销需要满足以下条件：

（1）失踪人重新出现。自然人因失去音讯下落不明而被宣告失踪，失踪宣告的撤销自然就要以这种状态的消除为条件。这里失踪人重新出现的含义，即重新得到了失踪人的音讯，从而消除了其下落不明的状态。

（2）经本人或者利害关系人申请。这里利害关系人的范围应当与申请宣告失踪的利害关系人范围一致，包括被申请宣告失踪人的配偶、父母、子女、兄弟姐妹、祖父母、外祖父母、孙子女、外孙子女以及其他与失踪人有民事权利义务关系的人。申请也应当向下落不明人住所地基层人民法院提出。

（3）撤销失踪宣告应当由人民法院作出。自然人失踪只能由人民法院依据法定程序进行宣告，因此，该宣告的撤销也应当由人民法院通过法定程序来作出。

关联法规

《民事诉讼法》第193条

第四十六条 【宣告死亡的条件】自然人有下列情形之一的,利害关系人可以向人民法院申请宣告该自然人死亡:

(一)下落不明满四年;

(二)因意外事件,下落不明满二年。

因意外事件下落不明,经有关机关证明该自然人不可能生存的,申请宣告死亡不受二年时间的限制。

条文注释

宣告死亡是自然人下落不明达到法定期限,经利害关系人申请,人民法院经过法定程序在法律上推定失踪人死亡的民事制度。宣告死亡必须具备法律规定的条件是:

(1)自然人下落不明的时间要达到法定的长度。一般情况下,下落不明的时间要满4年。如果是因意外事件而下落不明,下落不明的时间要满2年。本条第2款是对第1款第2项的补充规定。依照这一规定,对于因意外事件下落不明的自然人,如果与该意外事件有关的机关证明该自然人不可能生存的,利害关系人就可以据此申请宣告该自然人死亡,而不必等到下落不明满2年。

(2)必须要由利害关系人提出申请。此处所说的利害关系人,可以参考宣告失踪制度中的利害关系人范围。总体来说,这里的利害关系人应当是与被宣告人是生存还是死亡的法律后果有利害关系的人。对于可以向人民法院申请宣告死亡的利害关系人,本条没有规定利害关系人申请宣告死亡的顺序。

(3)只能由人民法院经过法定程序,宣告自然人死亡。依照《民事诉讼法》的规定,适用《民事诉讼法》关于特别程序的规定。人民法院受理宣告死亡案件后,应当发出寻找下落不明人的公告,公告期间为1年。因意外事故下落不明,经有关机关证明该公民不可能生存的,宣告死亡的公告期间为3个月。公告期间届满,人民法院应当根据被宣告死亡的事实是否得到确认,作出宣告死亡的判决或者驳回申请的判决。

关联法规

《民事诉讼法》第192条;《最高人民法院关于适用〈中华人民共和国民法典〉总则编若干问题的解释》第16、17条

第四十七条　【宣告死亡和宣告失踪的关系】对同一自然人,有的利害关系人申请宣告死亡,有的利害关系人申请宣告失踪,符合本法规定的宣告死亡条件的,人民法院应当宣告死亡。

条文注释

宣告死亡和宣告失踪都是基于自然人下落不明,为了维护社会经济关系的稳定而设立的法律制度。二者都以被宣告人下落不明达到一定法定期间为前提,都需要利害关系人提出宣告申请,并且都由人民法院作出宣告的判决。

但是,宣告死亡与宣告失踪在法律后果上又存在明显差异。一般来说,宣告死亡与自然死亡的法律效力相同,不但影响被宣告人财产的处分,而且也影响与其相关的身份关系,如夫妻关系与父母子女关系,同时,其遗产继承开始,其遗嘱也发生效力;宣告失踪的法律后果是为其设定财产代管人,只发生财产方面的影响而不会影响到身份关系的变化。

第四十八条　【被宣告死亡的人死亡日期的确定】被宣告死亡的人,人民法院宣告死亡的判决作出之日视为其死亡的日期;因意外事件下落不明宣告死亡的,意外事件发生之日视为其死亡的日期。

条文注释

宣告死亡是人民法院经利害关系人的申请,按照法定程序推定下落不明的公民死亡的法律制度。推定被宣告死亡人死亡的日期,是这种推定的一项重要内容。一般来说,宣告死亡与自然死亡的法律效力相同,如何推定被宣告死亡的自然人的死亡日期涉及继承的开始、身份关系解除等,如遗产的具体范围、继承人的具体范围、遗嘱效力之发生时间以及代位继承是否发生等遗产继承有关重大事项,具有重要的法律意义,法律应当对此作出规定。

第四十九条　【被宣告死亡的人实际生存时的行为效力】自然人被宣告死亡但是并未死亡的，不影响该自然人在被宣告死亡期间实施的民事法律行为的效力。

条文注释

从本质上讲，自然人被宣告死亡是一种拟制的死亡，有可能本人并没有自然死亡或者说真正死亡。这个被宣告死亡但并未真正死亡的自然人，可能在被宣告死亡期间还在从事民事活动，包括吃穿住行等各种活动。如果因为他已经被宣告死亡了，就不承认其所从事的民事法律行为的效力，无疑是不合情理的，也不利于维护交易安全和社会经济秩序。因此，本条规定，自然人被宣告死亡但是并未死亡的，不影响该自然人在被宣告死亡期间实施的民事法律行为的效力。

第五十条　【死亡宣告的撤销】被宣告死亡的人重新出现，经本人或者利害关系人申请，人民法院应当撤销死亡宣告。

条文注释

宣告死亡本是基于自然人生死不明的情况，经利害关系人申请，人民法院通过法定程序确定的一种拟制状态。被宣告死亡属于推定的死亡，在被宣告死亡的人确定没有死亡的情况下，宣告死亡的基础即不存在，撤销对其所作的死亡宣告，乃当然之理。

宣告死亡是人民法院经过法定程序作出的，具有宣示性和公信力，产生相应的法律后果。即使被宣告人事实上没有死亡，也不能在重新出现后当然使与其相关的民事法律关系恢复到原来的状态，而必须经本人或者利害关系人申请，同样由人民法院通过法定程序，作出新判决，撤销原判决。

关联法规

《民事诉讼法》第 193 条

第五十一条　【宣告死亡、撤销死亡宣告对婚姻关系的影响】被宣告死亡的人的婚姻关系，自死亡宣告之日起消除。死亡宣告被撤销的，婚姻关系自撤销死亡宣告之日起自行恢复。但是，其配偶再婚或者向婚姻登记机关书面声明不愿意恢复的除外。

第五十二条　【撤销死亡宣告对收养关系的影响】被宣告死亡的人在被宣告死亡期间，其子女被他人依法收养的，在死亡宣告被撤销后，不得以未经本人同意为由主张收养行为无效。

第五十三条　【死亡宣告撤销后的财产返还】被撤销死亡宣告的人有权请求依照本法第六编取得其财产的民事主体返还财产；无法返还的，应当给予适当补偿。

利害关系人隐瞒真实情况，致使他人被宣告死亡而取得其财产的，除应当返还财产外，还应当对由此造成的损失承担赔偿责任。

第四节　个体工商户和农村承包经营户

第五十四条　【个体工商户的定义】自然人从事工商业经营，经依法登记，为个体工商户。个体工商户可以起字号。

条文注释

应从以下几个方面理解本条：

(1)登记管理。有经营能力的自然人，经市场监督管理部门登记，领取个体工商户营业执照，从事工商业经营的，可以成为个体工商户。《个体工商户条例》和《个体工商户登记管理办法》对个体工商户的登记作了具体规定。

(2)从事工商业经营的范围。对个体工商户从事“工商业经营”的范围应当从广义上理解。只要是不属于法律、行政法规禁止进入的行业，个体工商户均可进入并开展经营活动。实践中个体工商户从事经营的领域主要有批发和零售业，住宿和餐饮业，居民服务、修理和其他服务业，制造业，农、林、牧、渔业，交通运输、仓储和邮政业，租赁和商务服务业，信息传输、软件和信息技术服务业，文化、体育和娱乐业，科学研究和技术服务业，建筑业，卫生和社会工作，房地产业，教育，采矿业，电力、热力、燃气及水生产和供应业，水利、环境和公共设施管理业，金融业等行业。

(3)个体工商户的名称与字号。个体工商户可以使用名称，也可以不使用名称。个体工商户决定使用名称的，应当向登记机关提出申请，经核准登记后方可使用。一户个体工商户只能使用一个名称。

关联法规

《个体工商户条例》第2条

第五十五条　【农村承包经营户的定义】农村集体经济组织的成员，依法取得农村土地承包经营权，从事家庭承包经营的，为农村承包经营户。

条文注释

实行以家庭承包经营为基础、统分结合的双层经营体制，是我国改革开放历史新时期的重要标志性举措，是我国农村改革的重大成果，也是我国宪法确立的农村基本经营制度。多年来的农村改革的实践证明，实行家庭承包经营，符合生产关系要适应生产力发展要求的规律，使农户获得了充分的经营自主权，充分调动了亿万农民的生产积极性，极大地解放和发展了农村生产力，实现了我国农业的巨大发展和农村经济的全面繁荣。

家庭承包经营是集体经济组织内部的一个经营层次，是双层经营体制的基础。实行家庭承包经营，符合农业生产的特点，可以使农户根据自然条件、市场需求和效益原则等因素，确定农业生产的品种、结构和项目，广泛采用农业新品种、新技术，进行农业结构调整，使农民成为农业生产经营的独立的市场主体。

农村土地家庭承包的承包方是本集体经济组织的农户。农户是农村中以血缘和婚姻关系为基础组成的农村最基本的社会单位。它既是独立的生活单位，又是独立的生产单位。作为生产单位的农户，一般是依靠家庭成员的劳动进行农业生产与经营活动的。对农村土地实行家庭承包的，农户成为农村集体经济中一个独立的经营层次，是农村从事生产经营活动的基本单位。以户为生产经营单位，与一般的自然人个人作为民事主体有所区别，但又不同于非法人组织这类民事主体。因此法律对其单独进行规定，即农村集体经济组织的成员，依法取得农村土地承包经营权，从事家庭承包经营的，为农村承包经营户。

承包是以"户"为单位进行。土地承包合同由"户"的代表与发包方签订，土地承包经营权证书按户制作并颁发。在家庭承包的情况下，农户是交易活动的主体，其信用建立在家庭信用的基础上，发包方或交易相对一方也以农户家庭为对象，与其从事交易活动。农户也是以户的财产承担责任，以确保义务的履行。从这个角度来讲，以户为经营单位符合我国农村的实际情况，有利于农村经济活动的进行。

需要进一步说明的是：(1)家庭承包中，是按人人有份分配承包地，按户组成一个生产经营单位作为承包方；(2)本集体经济组织的农户作为承包方，主要是针对耕地、草地和林地等适宜家庭承包的土地的承包；(3)农户内的成员分家析产的，单独成户的成员可以对原家庭承包的土地进行分别耕作，但承包经营权仍是一个整体，不能分割。

关联法规

《农村土地承包法》第3、5、16条

第五十六条 【债务承担规则】个体工商户的债务，个人经营的，以个人财产承担；家庭经营的，以家庭财产承担；无法区分的，以家庭财产承担。

农村承包经营户的债务，以从事农村土地承包经营的农户财产承担；事实上由农户部分成员经营的，以该部分成员的财产承担。

条文注释

对本条可以作以下理解：

(1)个体工商户的债务承担。个体工商户既可以个人经营，也可以家庭经营。理解的难点是区分是个人经营还是家庭经营，应根据是个人投资还是家庭投资，是个人享用经营收益还是家庭共同享用经营收益，进而确定债务是以个人财产承担，还是以家庭财产承担。司法实践中一般有以下认定标准：一是以公民个人名义申请登记的个体工商户，用家庭共有财产投资，或者收益的主要部分供家庭成员享用的，其债务应以家庭共有财产清偿。二是夫妻关系存续期间，一方从事个体经营，其收入为夫妻共有财产，债务亦应以夫妻共有财产清偿。

(2)农村承包经营户的债务承担。在承包期内，无论承包户内人口发生怎样的变化，是增是减，只要作为承包户的家庭还存在，承包户仍然是一个生产经营单位。在承包经营活动中，无论是全体家庭成员从事生产经营劳动和经营活动，还是部分家庭成员从事生产经营劳动和经营活动，另一部分家庭成员从事其他职业或者家务劳动，农户仍然是一个对外承担责任的主体。需要指出的是，在实践中，这一规定要严格掌握，防止借本条规定逃避应承担的债务。

第三章 法 人

第一节 一般规定

第五十七条 【法人的定义】法人是具有民事权利能力和民事行为能力，依法独立享有民事权利和承担民事义务的组织。

条文注释

法人具有以下特点：

(1)法人不是自然人，属于社会组织，是一种集合体，由法律赋予该组织单独的法律人格。法人既可以是人的集合体,也可以是财产的集合体。

(2)具有民事权利能力和民事行为能力。法人可以以自己的名义,通过自身的行为享有和行使民事权利,设定和承担民事义务。法人的民事权利能力和民事行为能力,从法人成立时产生,到法人终止时消灭。

(3)依法独立享受民事权利、承担民事义务。法人有自己独立的民事主体地位,可以自己的名义独立从事民事活动,享有民事权利,承担民事义务。

(4)独立承担民事责任。法人以其全部财产独立承担民事责任,能否独立承担民事责任,是区别法人组织和非法人组织的重要标志。

关联法规

《公司法》第3条

第五十八条 【法人成立的条件】法人应当依法成立。

法人应当有自己的名称、组织机构、住所、财产或者经费。法人成立的具体条件和程序,依照法律、行政法规的规定。

设立法人,法律、行政法规规定须经有关机关批准的,依照其规定。

条文注释

本条第1款规定了法人应当依法成立:(1)法人的成立必须合法,其设立目的和宗旨要符合国家利益和社会公共利益的要求,其组织机构、设立宗旨、经营范围、经营方式等要符合法律、法规等的要求;(2)法人成立的条件和程序应当符合法律、行政法规的规定。第2款规定了法人成立的实体要件。第3款规定了法人成立的程序。法人成立还需要满足法律、行政法规规定的其他条件和程序。比如《公司法》《社会团体登记管理条例》的规定等。设立法人,如果相关法律、行政法规规定须经有关机关批准的,应当依照其规定。这里规定的"批准"是指行政许可。

关联法规

《公司法》第6~8条;《企业名称登记管理规定》第9条

第五十九条 【法人民事权利能力和民事行为能力的起止】法人的民事权利能力和民事行为能力,从法人成立时产生,到法人终止时消灭。

条文注释

法人的民事权利能力是法律赋予的,是法人作为一个独立的民事主体应当具备的基本资格。法人民事权利能力的获取意味着法人作为一个独立民事主体的成立,丧失这一权利能力则意味着法人的消灭。因而,法人的权利能力从成立时产生,至法人终止时消灭。

法人的民事行为能力是法人独立地实施民事行为,行使民事权利、承担民事义务的资格。法人的民事行为能力在时间上和民事权利能力相一致,始于法人成立,终于法人消灭,在法人存续期间始终存在。法人的民事行为能力和其民事权利能力在范围上一致,法人能够以自己的行为行使权利和承担义务的范围,即民事行为能力的范围不能超出其权利能力所限定的范围。

作为法律上具有拟制人格的主体,法人的民事权利能力和民事行为能力与自然人有所不同:

(1)在产生和消灭的时间上,自然人从出生之日起,即享有民事权利能力,但其民事行为能力会经历不同阶段的变化。与自然人不同,法人的民事行为能力与其民事权利能力一起产生、同时消灭,两者的开始与终止时间完全一致。

(2)在范围方面,法人的民事权利能力与民事行为能力在范围上是一致的,不像自然人会由于年龄或者精神健康的原因而使其民事权利能力和民事行为能力在范围上有所不同。

(3)在民事行为能力的实现方面,有完全民事行为能力的自然人,可以由自身来实现其民事行为能力,无须他人代表或者代理。但法人实施民事法律行为,一般是由法定代表人来进行的。

第六十条　【法人民事责任承担】法人以其全部财产独立承担民事责任。

条文注释

民事责任，是对民事法律责任的简称，是指民事主体在民事活动中，因实施了违法行为或者存在违约行为，根据民法所承担的对其不利的民事法律后果。

民事责任的构成要件一般来说包括以下四个：(1)损害事实的客观存在；(2)行为人实施了违法行为或者违约行为；(3)行为人有过错；(4)行为人的违法行为或者违约行为与损害事实之间存在因果关系。

根据本法第179条的规定，承担民事责任的方式主要有：停止侵害；排除妨碍；消除危险；返还财产；恢复原状；修理、重作、更换；继续履行；赔偿损失；支付违约金；消除影响、恢复名誉；赔礼道歉。法律规定惩罚性赔偿的，依照其规定。上述承担民事责任的方式，可以单独适用，也可以合并适用。

对于法人来说，其是以其全部财产独立承担民事责任。这里强调两点：(1)全部财产。法人要以其全部财产承担民事责任，而不是只以部分财产承担民事责任。(2)独立承担民事责任。"独立"的含义，即任何法人的债务只能由它自己承担，国家、投资者和法人组织内部的成员不对法人的债务负责。

关联法规

《公司法》第3、14条

第六十一条　【法定代表人的定义及行为的法律后果】依照法律或者法人章程的规定，代表法人从事民事活动的负责人，为法人的法定代表人。

法定代表人以法人名义从事的民事活动，其法律后果由法人承受。

法人章程或者法人权力机构对法定代表人代表权的限制，不得对抗善意相对人。

条文注释

法人的法定代表人是代表法人行使职权的负责人，是代表法人进行民事活动的自然人。法定代表人由谁担任，是依据法律的规定或者法人章程的规定确定的。法定代表人只能是自然人，且该自然人只有代表法人从事民事活动时才具有这种身份。

法定代表人对外以法人名义进行民事活动时，其与法人之间并非代理关系，而是代表关系，且其代表职权来自法律的明确授权，故不需要有法人的授权委托书。因此，法定代表人对外的职务行为即为法人行为，其后果由法人承担。法人对法定代表人所负的责任，也包括越权行为的责任。需要说明的是，法人除了要对其法定代表人的职务行为承担责任外，还要对其工作人员的职务行为承担责任。

法人不得以法人章程等对法定代表人的内部职权限制对抗善意第三人。(1)法人章程，是指法人依法制定的，规定法人的经营活动范围、内部管理制度等重大事项的文件，是法人的自我管理规范，载明了法人组织和活动的基本准则。法人章程具有法定性、真实性、自治性和公开性的基本特征，是法人设立和运营的基础和依据。(2)善意相对人，是指对法人章程或者法人权力机构对法定代表人代表权的限制，不知情或者不应当知情的权利人。法人章程或者法人权力机构对法定代表人的对外代表权限进行了限制，但该法定代表人超越了自己的权限与相对人签订了合同，或者实施了其他法律行为的，如果相对人不知道或者不应当知道该限制规定的，则法人不得以法定代表人的行为超越了其权限而主张不承担或免除其应承担的法律责任。

关联法规

《公司法》第13条；《民办教育促进法》第23条；《民事诉讼法》第51条

第六十二条　【法定代表人职务侵权行为的责任承担】法定代表人因执行职务造成他人损害的,由法人承担民事责任。

法人承担民事责任后,依照法律或者法人章程的规定,可以向有过错的法定代表人追偿。

条文注释

法定代表人因执行职务造成他人损害的,属于职务侵权。由于法定代表人的职务行为是代表法人实施的,因而应由法人承担民事责任。但是,法定代表人的行为如果与执行职务无关,则不构成职务侵权。需要指出的是,法人的法定代表人的职务侵权行为与法人一般工作人员的职务侵权行为,在归责原则上,对外都是由法人承担责任。

法人对外承担民事责任后,在对内责任方面,可以依照法律或者法人章程的规定,向有过错的法定代表人追偿。这一规定涉及法定代表人职务侵权行为的内部职责分担问题。在一般情况下,在职务侵权行为中,行为的法律后果完全由法人承担,法定代表人无须承担该行为的民事责任,但在以下两种情况下,法人可以向有过错的法定代表人追偿:一是根据法律规定;二是根据法人章程规定。

需要指出的是,在法人对外承担民事责任后,对内向责任人进行追偿方面,法定代表人与一般工作人员是不同的。(1)对法定代表人进行追偿,必须依据有关法律的规定或者法人章程的规定,否则是不能向法定代表人进行追偿的。而法人向其他工作人员追偿,则不需要。(2)法定代表人和其他工作人员承担内部责任的过错程度要求不同。对于法定代表人来说,只要有过错,包括故意或者过失,即便是一般过失,也要对内承担责任,法人可以向其追偿。但对其他工作人员来说,其对内承担责任的过错程度要求比较高。

第六十三条　【法人的住所】法人以其主要办事机构所在地为住所。依法需要办理法人登记的,应当将主要办事机构所在地登记为住所。

条文注释

法人住所,是指法人主要办事机构所在地。确定法人的住所,对于确定法人主要办事机构所在地和诉讼管辖地、破产清算地等具有重要意义。本条规定,依法需要办理法人登记的,应当将主要办事机构所在地登记为住所。

关联法规

《涉外民事关系法律适用法》第14条;《公司法》第10条

第六十四条　【法人变更登记】法人存续期间登记事项发生变化的,应当依法向登记机关申请变更登记。

条文注释

法人变更登记,是指法人存续期间登记事项发生变化的,应当依法将有关变化情况向登记机关报告,并申请办理变更手续。因登记而取得法人资格的法人,其登记事项的变更应进行变更登记,变更登记的机关为原登记机关。对于非因登记而取得法人资格的机关法人,以及部分社会团体法人和事业单位法人,其变更则不需要登记。

关联法规

《公司法》第7条;《市场主体登记管理条例》第24~29条;《基金会管理条例》第15条

第六十五条　【法人实际情况与登记事项不一致的法律后果】法人的实际情况与登记的事项不一致的,不得对抗善意相对人。

条文注释

法人登记是对法人参与社会活动的一项管理制度,为保障法人的构成和运行合法,保持法人状态的相对稳定和被社会知情,国家依法设立专门机关对法人进行登记并公示管理。

如果法人的实际情况与登记的事项不一致,不得对抗善意相对人。因为登记有一个基本的公示功能,登记事项系对相对人的事先告知,对法人和相对人同等发生效力,推定各方当事人共同认可登记内容。如果法人实际情形与登记不一致的,发生的法律后果由法人自行承担,对相对人不发生效力。

关联法规

《公司法》第32条

第六十六条　【法人公示登记制度】登记机关应当依法及时公示法人登记的有关信息。

条文注释

法人登记事项经公示之后,即可产生两种法律效力——对抗力和公信力。通过赋予公示的登记事项以对抗力来保护登记人的合法权益,通过赋予公示的登记事项以公信力来保护善意第三人,从而维护交易安全。

关联法规

《慈善法》第70条;《市场主体登记管理条例》第36、40条

第六十七条　【法人合并、分立后相关权利义务的享有和承担】法人合并的,其权利和义务由合并后的法人享有和承担。

法人分立的,其权利和义务由分立后的法人享有连带债权,承担连带债务,但是债权人和债务人另有约定的除外。

条文注释

法人合并,是指由两个以上的法人合并为一个新法人,是法人在组织上的一种变更。法人合并分为新设合并和吸收合并。新设合并,是指原法人资格随即消灭,新法人资格随即确立。吸收合并,是指一个或多个法人归并到一个现存的法人中去,被合并的法人资格消灭,存续法人的主体资格仍然存在。法人发生合并,它的权利义务应当由合并后的法人享有和承担。

法人分立,是指一个法人分成两个或两个以上的法人,是法人在组织上的一种变更。法人的分立分为新设式分立和派生式分立两种方式。新设式分立,是指原法人分立为两个或者两个以上新的法人,原法人不复存在。派生式分立,是指原法人仍然存在,但从原法人中分立出来一个新的法人,原法人的资格不变。

关联法规

《公司法》第174、176条

第六十八条　【法人终止】有下列原因之一并依法完成清算、注销登记的，法人终止：

（一）法人解散；

（二）法人被宣告破产；

（三）法律规定的其他原因。

法人终止，法律、行政法规规定须经有关机关批准的，依照其规定。

条文注释

法人终止，是指法人权利能力的终止。本条第1款规定了法人终止的条件：(1)具有法定事由，包括法人解散、法人被宣告破产、法律规定的其他原因；(2)依法完成清算；(3)依法进行注销登记。

法人设立，法律、行政法规规定须经有关机关批准的，依照其规定。相应地，法人终止，法律、行政法规规定须经有关机关批准的，依照其规定。

关联法规

《企业破产法》第2、7条；《市场主体登记管理条例》第31条；《事业单位登记管理暂行条例》第13条；《社会团体登记管理条例》第19～21条

第六十九条　【法人解散】有下列情形之一的，法人解散：

（一）法人章程规定的存续期间届满或者法人章程规定的其他解散事由出现；

（二）法人的权力机构决议解散；

（三）因法人合并或者分立需要解散；

（四）法人依法被吊销营业执照、登记证书，被责令关闭或者被撤销；

（五）法律规定的其他情形。

条文注释

本条是对前述第68条中规定的法人终止原因中的法人解散的具体阐释。法人解散，是指已成立的法人基于一定的合法事由而使法人消灭的法律行为。本条规定了法人解散的五种情形：(1)法人章程规定的存续期间届满或者法人章程规定的其他解散事由出现；(2)法人的权力机构决议解散；(3)因法人合并或者分立需要解散；(4)法人依法被吊销营业执照、登记证书，被责令关闭或者被撤销；(5)法律规定的其他情形，这是一项兜底性规定。

关联法规

《公司法》第180条

第七十条　【法人解散后清算】法人解散的，除合并或者分立的情形外，清算义务人应当及时组成清算组进行清算。

法人的董事、理事等执行机构或者决策机构的成员为清算义务人。法律、行政法规另有规定的，依照其规定。

清算义务人未及时履行清算义务，造成损害的，应当承担民事责任；主管机关或者利害关系人可以申请人民法院指定有关人员组成清算组进行清算。

条文注释

法人清算，是指在法人解散时，清算义务人成立清算组，依据职权清理并消灭法人的全部财产关系的程序。法人除了因合并或者分立的情形而解散，不需要清算的外，因其他情形而解散的，都要依法进行清算。

清算义务人，是指在法人解散后，负有清算责任的主体，也称清算人。清算义务人为法人的董事、理事等执行机构或者决策机构的成员。除董事、理事为清算义务人外，法律、行政法规对清算义务人另有规定的，依照其规定。如《公司法》《社会团体登记管理条例》《事业单位登记管理暂行条例》和有关实施细则进行了其他规定。

清算义务人未及时履行清算义务，造成损害的，应当承担民事责任；主管机关或者利害关系人可以申请人民法院指定有关人员组成清算组进行清算。

法人解散后，应当由清算义务人成立清算组。清算义务人未及时履行清算义务，逾期不成立清算组进行清算，给债权人等造成损害的，应当承担民事责任。债权人可以申请人民法院指定有关人员组成清算组进行清算；人民法院应当受理该申请，并及时组织清算组进行清算。

关联法规

《公司法》第183、189条；《最高人民法院关于适用〈中华人民共和国公司法〉若干问题的规定（二）》第2、7、9条

第七十一条 【法人的清算程序和清算组职权】法人的清算程序和清算组职权，依照有关法律的规定；没有规定的，参照适用公司法律的有关规定。

条文注释

关于法人的清算程序和清算组职权，本条没有作具体规定，而是明确依照公司法律的有关规定。这里的公司法律的有关规定主要是指《公司法》《社会团体登记管理条例》《事业单位登记管理暂行条例》《民办非企业单位登记管理暂行条例》及有关实施细则等。

关联法规

《公司法》第184～189条；《最高人民法院关于适用〈中华人民共和国合同法〉若干问题的规定（二）》第15条

第七十二条 【清算中法人活动的要求、清算后剩余财产的处理和法人终止】清算期间法人存续，但是不得从事与清算无关的活动。

法人清算后的剩余财产，按照法人章程的规定或者法人权力机构的决议处理。法律另有规定的，依照其规定。

清算结束并完成法人注销登记时，法人终止；依法不需要办理法人登记的，清算结束时，法人终止。

条文注释

清算期间，法人还继续存在，仍然具有民事权利能力和民事行

为能力，但是其民事权利能力是受到限制的，不得从事与清算无关的活动，以保护债权人和其他人的利益。

法人清算后的剩余财产，是指法人财产在分别支付清算费用、职工的工资、社会保险费用和法定补偿金，缴纳所欠税款，清偿公司债务后的剩余财产。对法人清算后的剩余财产，一般要根据法人章程的规定或者法人权力机构的决议来处理，但是法律另有规定的，依照其规定。

在清算程序结束后，对经过登记设立的法人，还要再经过法人注销登记程序，法人才终止。注销登记，是指登记主管机关依法对歇业、被撤销、宣告破产或者因其他原因终止营业的法人，取消法人资格的行为。有些法人设立是依法不需要经过登记程序的，如工会社团法人资格的取得是由《工会法》直接规定的，依法不需要办理法人登记。对这些法人在清算结束时，不需要进行注销登记，法人即终止。

关联法规

《公司法》第186条

第七十三条　【法人因破产而终止】法人被宣告破产的，依法进行破产清算并完成法人注销登记时，法人终止。

条文注释

破产，是指债务人因不能偿债或者资不抵债时，由债权人或债务人诉请法院宣告破产并依破产程序偿还债务的一种法律制度。狭义的破产制度仅指破产清算制度，广义的破产制度还包括重整与和解制度。

依据本条规定，法人被人民法院宣告破产的，依法进行破产清算并完成法人注销登记时，法人终止。这里的"依法"主要是指《企业破产法》和其他规定了法人破产清算的法律，如《农民专业合作社法》《民办教育促进法》等。

本条规定明确了法人因破产而终止的两个程序性规定：

(1)破产清算制度，是对债务人宣告破产、清算还债的法律制度，即在债务人丧失清偿能力时，由法院强制执行其全部财产，公平清偿全体债权人的法律制度。根据《企业破产法》的规定，破产清算分为破产宣告、变价和分配、破产程序的终结三个环节。

(2)《企业破产法》规定，管理人应当自破产程序终结之日起10日内，持人民法院终结破产程序的裁定，向破产人的原登记机关办理注销登记。管理人于办理注销登记完毕的次日终止执行职务。但是，存在诉讼或者仲裁未决情况的除外。

需要说明的是，《企业破产法》第135条规定，其他法律规定企业法人以外的组织的清算，属于破产清算的，参照适用本法规定的程序。目前，《农民专业合作社法》和《民办教育促进法》已经对农民专业合作社和民办学校的破产清算作了规定，在破产财产的清偿顺序上突出了对农民和受教育者的保护。

关联法规

《企业破产法》第2条；《公司法》第190条；《农民专业合作社法》第55条；《民办教育促进法》第58、59条

第七十四条　【法人分支机构及其责任承担】法人可以依法设立分支机构。法律、行政法规规定分支机构应当登记的，依照其规定。

分支机构以自己的名义从事民事活动，产生的民事责任由法人承担；也可以先以该分支机构管理的财产承担，不足以承担的，由法人承担。

条文注释

法人分支机构作为法人的组成部分，由法人依法设立，在法人主要活动地点以外的一定领域内，实现法人的全部或部分职能。分支机构以自己的名义所从事的民事活动，对法人直接产生权利义务，并构成整个法人权利义务的一部分。法人分支机构，在性质上属于法人的组成部分，不具有独立责任能力，其行为的效果仍由法人承担。

法人可以依法设立分支机构。这里的“依法”主要是指依据《公司法》《商业银行法》《市场主体登记管理条例》等法律、行政法规的规定。

需要指出的是，关于法人设立分支机构是否需要登记，本条规

定法律、行政法规规定分支机构应当登记的，依照其规定。根据这一规定，法人设立分支机构是否需要登记，要根据相关法律、行政法规的规定。

关联法规

《公司法》第14条；《商业银行法》第19条；《市场主体登记管理条例》第23条

第七十五条　【法人设立行为的法律后果】设立人为设立法人从事的民事活动，其法律后果由法人承受；法人未成立的，其法律后果由设立人承受，设立人为二人以上的，享有连带债权，承担连带债务。

设立人为设立法人以自己的名义从事民事活动产生的民事责任，第三人有权选择请求法人或者设立人承担。

条文注释

法人的设立人，是指申请设立法人，并在法人的设立过程中承担相应民事责任的人。在法人的设立过程中，设立人依法筹办法人设立的各种事务，其在法人设立过程中的行为，直接影响法人能否成立以及成立以后法人的状况。所以设立人对设立法人应当承担法定的责任。

设立人在法人的设立过程中，应当履行好作为设立人的责任，使法人能够顺利成立。法人成立后，将依法继受设立过程中所产生的权利义务。但是如果法人没有成立，在设立活动期间产生的民事责任义务，要由法人的设立人承担，因为设立中的法人还不具有民事权利能力和民事行为能力，不能承担民事责任。

设立人为设立法人以自己的名义从事民事活动产生的民事责任，第三人有权选择请求法人或者设立人承担发起人对自己过失行为应当承担的责任。

设立行为所产生的债务和费用原则上应由成立后的公司承担，但当公司不能成立时，先前发生的与设立公司相关的费用及债务就失去了公司法人这一拟定的承担主体，只能改由实施设立行为的主体即发起人来承担。

关联法规

《公司法》第94条;《最高人民法院关于适用〈中华人民共和国公司法〉若干问题的规定(三)》第1~5条

第二节　营利法人

第七十六条　【营利法人的定义及范围】以取得利润并分配给股东等出资人为目的成立的法人,为营利法人。

营利法人包括有限责任公司、股份有限公司和其他企业法人等。

条文注释

以取得利润并分配给股东等出资人为目的成立的法人,为营利法人。这一规定强调了营利法人的两个特征:(1)成立的目的是取得利润,即以营利为目的;(2)取得利润后要分配给股东等出资人,即出资人取得利润。这两个特征同时具备是营利法人与其他法人的根本区别所在。

营利法人包括有限责任公司、股份有限公司和其他企业法人等。

关联法规

《公司法》第2条

第七十七条　【营利法人的成立】营利法人经依法登记成立。

条文注释

营利法人经依法登记成立,"依法"是指《公司法》《市场主体登记管理条例》等法律、行政法规。《公司法》《市场主体登记管理条例》对设立有限责任公司、股份有限公司和其他企业法人等营利法人的条件和登记程序等作了明确的规定。

关联法规

《公司法》第6条

第七十八条　【营利法人的营业执照】依法设立的营利法人，由登记机关发给营利法人营业执照。营业执照签发日期为营利法人的成立日期。

条文注释

营业执照是市场监督管理部门，即原工商行政管理部门发给企业等营利法人，准许其从事某项生产经营活动的凭证。营业执照的格式由国家市场监督管理总局统一规定。根据《公司法》的规定，公司营业执照应当载明公司的名称、住所、注册资本、经营范围、法定代表人姓名等事项。公司营业执照记载的事项发生变更的，公司应当依法办理变更登记，由公司登记机关换发营业执照。营业执照分为正本和副本，二者具有相同的法律效力。正本应当置于公司住所或营业场所的醒目位置，营业执照不得伪造、涂改、出租、出借、转让。

营业执照签发日期为营利法人的成立日期。企业法人营业执照是企业等营利法人取得法人资格和合法经营权的凭证。企业等营利法人凭据企业法人营业执照可以刻制公章、开立银行账户、签订合同，进行经营活动。登记主管机关可以根据企业法人开展业务的需要，核发企业法人营业执照副本。

关联法规

《公司法》第7条；《市场主体登记管理条例》第21、22条

第七十九条　【营利法人的章程】设立营利法人应当依法制定法人章程。

条文注释

法人章程，是指根据法人性质、任务和业务活动需要制定的关于法人的活动范围、组织机构以及内部成员之间的权利义务等的重要文件，是法人从事生产经营活动的行为准则。法人章程的内容可以分为绝对必要记载的事项和任意记载的事项。前者是指法律规定在章程中必须具备的内容，通常包括法人名称、住所、宗旨和经营范围、注册资金、投资数额、投资者的姓名和住所、投资者的权利义

务、法人的组织机构和解散条件、利润分配和亏损承担等。章程一经登记就具有法律效力，成为法人的行为准则。

《公司法》规定，设立公司必须依法制定公司章程。公司章程对公司、股东、董事、监事、高级管理人员具有约束力。公司的经营范围由公司章程规定，并依法登记。公司可以修改公司章程，改变经营范围，但是应当办理变更登记。

关联法规

《公司法》第11条

第八十条　【营利法人的权力机构及其职权】营利法人应当设权力机构。

权力机构行使修改法人章程，选举或者更换执行机构、监督机构成员，以及法人章程规定的其他职权。

条文注释

股东会、股东大会就是由公司全体股东所组成的，对公司一系列重大问题发表意见，是作出决议的公司最高决策机构。公司通过设立权力机构来决定公司的重大问题，包括公司的发展方向、经营规模和盈利分配等，既有利于加强对公司的内部治理，增强公司的核心竞争力，提高公司的经营业绩，实现公司的可持续发展，也有利于确保股东等投资人的合法权益。

有限责任公司的权力机构是股东会，股份有限公司的权力机构是股东大会，由全体股东组成。国有独资公司不设股东会，由国有资产监督管理机构行使股东会职权。

除了修改法人章程，选举或者更换执行机构、监督机构成员以外，权力机构还行使法人章程规定的其他职权，如决定公司的经营方针和投资计划，审议批准董事会的报告，审议批准监事会或者监事的报告，审议批准公司的年度财务预算方案、决算方案，审议批准公司的利润分配方案和弥补亏损方案，对公司增加或者减少注册资本作出决议，对发行公司债券作出决议，对公司合并、分立、解散、清算或者变更公司形式作出决议等。

关联法规

《公司法》第36、37、98、99条

第八十一条 【营利法人的执行机构和法定代表人】营利法人应当设执行机构。

执行机构行使召集权力机构会议,决定法人的经营计划和投资方案,决定法人内部管理机构的设置,以及法人章程规定的其他职权。

执行机构为董事会或者执行董事的,董事长、执行董事或者经理按照法人章程的规定担任法定代表人;未设董事会或者执行董事的,法人章程规定的主要负责人为其执行机构和法定代表人。

条文注释

应从以下三个方面理解本条:

(1)营利法人设立了权力机构,就必须同时设立执行机构来执行权力机构的决定。营利法人的执行机构包括两种模式:一是执行机构为董事会或者执行董事;二是未设董事会或者执行董事的,执行机构为法人章程规定的主要负责人。

(2)执行机构行使以下职权:一是召集权力机构会议;二是决定法人的经营计划和投资方案;三是决定法人内部管理机构的设置;四是法人章程规定的其他职权。

(3)担任法定代表人分为以下情况:一是营利法人的执行机构为董事会或者执行董事的,董事长、执行董事或者经理按照法人章程的规定担任法定代表人。《公司法》规定,公司法定代表人依照公司章程的规定,由董事长、执行董事或者经理担任,并依法登记。公司法定代表人变更,应当办理变更登记。二是营利法人未设董事会或者执行董事的,法人章程规定的主要负责人,既是其执行机构,也是其法定代表人。

关联法规

《公司法》第13、44、46、108条

第八十二条 【营利法人的监督机构及其职权】营利法人设监事会或者监事等监督机构的，监督机构依法行使检查法人财务，监督执行机构成员、高级管理人员执行法人职务的行为，以及法人章程规定的其他职权。

条文注释

营利法人的监督机构为公司监事会，不设监事会的公司，监事为公司的监督机构。

需要指出的是，营利法人设立权力机构和执行机构是法律的强制性要求，但设立监督机构不是法律强制性的规定。这主要是考虑到营利法人的范围比较宽，除有限责任公司、股份有限公司外，还有非公司的企业法人。这些企业法人没有实行公司的治理模式，没有设立监督机构，所以本条规定“营利法人设监事会或者监事等监督机构的”，监督机构依法履行相应的职权。

营利法人的监督机构的职权为：检查公司财务，监督执行机构成员、高级管理人员执行法人职务的行为，以及法人章程规定的其他职权。

关联法规

《公司法》第51、53条

第八十三条 【出资人滥用权利的责任承担】营利法人的出资人不得滥用出资人权利损害法人或者其他出资人的利益；滥用出资人权利造成法人或者其他出资人损失的，应当依法承担民事责任。

营利法人的出资人不得滥用法人独立地位和出资人有限责任损害法人债权人的利益；滥用法人独立地位和出资人有限责任，逃避债务，严重损害法人债权人的利益的，应当对法人债务承担连带责任。

条文注释

应从以下两个方面理解本条：

(1)营利法人的出资人，对于公司法人来说，是指有限责任公司或者股份有限公司的股东。股东作为股东会或者股东大会的组成人员，应当遵守《公司法》等法律、行政法规和公司章程的规定，依法合理行使作为出资人的权利。《公司法》规定了股东的具体权利。

如果股东滥用上述法定权利，损害法人或者其他出资人，即其他股东的利益，给法人或者其他出资人造成损失的，应当依法承担民事责任。这里应当指出的是，股东滥用权利的构成要件包括：一是以损害法人或其他出资人利益为目的行使权利。二是法人或其他出资人遭受了实际损失。三是因果关系。股东滥用权利的行为与法人或者其他股东权益受损之间存在因果关系。符合上述三个要素的，行为人应当承担民事责任。

（2）营利法人的出资人不得滥用法人独立地位和出资人有限责任损害法人债权人的利益。滥用法人独立地位和出资人有限责任，逃避债务，严重损害法人债权人的利益的，应当对法人债务承担连带责任。这一规则被称为“揭开公司的面纱”，又叫“法人人格否认”。这里的否认，并非否认法人资格，而是否认其独立地位，需出资人承担无限连带责任，保护债权人利益。针对股东采用转移公司财产、将公司财产与本人财产混同等手段，造成公司可以用于履行债务的财产减少，严重损害公司债权人利益的行为，“揭开公司面纱”规则也应运而生。

适用这一规则要符合以下三个要素：一是公司股东滥用公司法人独立地位和股东有限责任，逃避债务；二是债权人的利益受到严重损害；三是公司股东滥用公司法人独立地位和股东有限责任的行为与债权人的利益受到损害之间存在因果关系。符合上述三个要素的，则可认定股东滥用法人独立地位和出资人有限责任，逃避债务，严重损害法人债权人的利益，应当对法人债务承担连带责任。

关联法规

《公司法》第20条

第八十四条 【限制不当利用关联关系】营利法人的控股出资人、实际控制人、董事、监事、高级管理人员不得利用其关联关系损害法人的利益；利用关联关系造成法人损失的，应当承担赔偿责任。

条文注释

关联关系，是指公司控股股东、实际控制人、董事、监事、高级管理人员与其直接或者间接控制的企业之间的关系，以及可能导致公司利益转移的其他关系。但是，国家控股的企业之间不仅因为同受国家控股而具有关联关系。《公司法》规定，公司的控股股东、实际控制人、董事、监事、高级管理人员不得利用其关联关系损害公司利益。违反这一规定，给公司造成损失的，应当承担赔偿责任。

本条在《公司法》的基础上，进一步明确所有的营利法人的控股出资人、实际控制人、董事、监事、高级管理人员利用关联关系给法人造成损失的，应当承担赔偿责任，以维护法人的合法权益。

关联法规

《公司法》第21、216条；《最高人民法院关于适用〈中华人民共和国公司法〉若干问题的规定(五)》第1条

第八十五条　【决议的撤销】营利法人的权力机构、执行机构作出决议的会议召集程序、表决方式违反法律、行政法规、法人章程，或者决议内容违反法人章程的，营利法人的出资人可以请求人民法院撤销该决议。但是，营利法人依据该决议与善意相对人形成的民事法律关系不受影响。

条文注释

营利法人的权力机构、执行机构违反法律、行政法规或者违反法人章程作出的决议包括两种情况：

(1)程序违反法律、行政法规或者法人章程。会议召集程序和会议表决方式违反法律、行政法规或者法人章程。

(2)内容违反法人章程。法人的章程是法人的行为准则，对法人的权力机构、执行机构及其成员均具有约束力。如果股东会或者股东大会、董事会作出决议的内容违反了公司章程的规定，股东可以请求人民法院撤销该决议。

关联法规

《公司法》第22条；《最高人民法院关于适用〈中华人民共和国

公司法〉若干问题的规定(一)》第3条;《最高人民法院关于适用〈中华人民共和国公司法〉若干问题的规定(四)》第4条

第八十六条　【营利法人应承担的道德和社会责任】营利法人从事经营活动,应当遵守商业道德,维护交易安全,接受政府和社会的监督,承担社会责任。

条文注释

本条规定了营利法人从事经营活动所应承担的四项道德和社会责任:

(1)应当遵守商业道德。商业道德,是指道德规范在商业活动中的具体应用,是职业道德的一种,为人们提供了判断商务活动是否符合道德规范的行为准则。在商业道德中,诚信原则是市场经济活动的一项基本商业道德准则,也是现代法治社会的一项基本法律规则。

(2)维护交易安全。维护交易安全,保护善意的交易相对人利益是民事主体从事经营活动的基本准则。

(3)接受政府和社会的监督。营利法人要自觉接受政府和社会的监督。

(4)承担社会责任。企业在发展过程中,不仅要关注自身的利益,还要承担好应尽的社会责任。

关联法规

《公司法》第5条

第三节　非营利法人

第八十七条　【非营利法人的定义和范围】为公益目的或者其他非营利目的成立,不向出资人、设立人或者会员分配所取得利润的法人,为非营利法人。

非营利法人包括事业单位、社会团体、基金会、社会服务机构等。

条文注释

非营利法人是为公益目的或者其他非营利目的成立，不向出资人、设立人或者会员分配所取得利润的法人。一个法人是否为非营利法人取决于两个因素：(1)成立目的的非营利性。非营利法人是为公益目的或者其他非营利目的成立的。公益目的，是指法人所从事的活动属于社会公益事业。(2)不分配利润。非营利法人也可以取得利润，但是不得向出资人、设立人或者会员分配所取得利润。

第八十八条 【事业单位法人资格的取得】具备法人条件，为适应经济社会发展需要，提供公益服务设立的事业单位，经依法登记成立，取得事业单位法人资格；依法不需要办理法人登记的，从成立之日起，具有事业单位法人资格。

条文注释

事业单位是国家为了为适应经济社会发展需要，提供公益服务而设立的法人组织，由国家机关举办或者其他组织利用国有资产举办，从事教育、科研、文化、卫生、体育、新闻出版、广播电视、社会福利、救助减灾、统计调查、技术推广与实验、公用设施管理、物资仓储、监测、勘探与勘察、测绘、检验检测与鉴定、法律服务、资源管理事务、质量技术监督事务、经济监督事务、知识产权事务、公证与认证、信息与咨询、人才交流、就业服务、机关后勤服务等活动。事业单位具有如下两个特点：公益性、知识密集性。

根据本条规定，成立事业单位在程序上分为两种：(1)具备法人条件，依法经登记取得事业单位法人资格；(2)具备法人条件，依法不需要办理法人登记的，从成立之日起，具有事业单位法人资格。

关联法规

《事业单位登记管理暂行条例》第2、3、6、11条

第八十九条 【事业单位法人的组织机构】事业单位法人设理事会的，除法律另有规定外，理事会为其决策机构。事业单位法人的法定代表人依照法律、行政法规或者法人章程的规定产生。

条文注释

事业单位法人设理事会的，除法律另有规定外，理事会为其决策机构。事业单位法人的法定代表人依照法律、行政法规或者法人章程的规定产生。事业单位法定代表人是按照法定程序产生，代表事业单位行使民事权利、履行民事义务的责任人。事业单位法定代表人的产生，要依照有关法律、行政法规或者法人章程的规定。如《高等教育法》规定，高等学校的校长为高等学校的法定代表人。

此外，事业单位法定代表人的产生还应当遵守《事业单位登记管理暂行条例》及其实施细则的相关规定。

第九十条　【社会团体法人资格的取得】具备法人条件，基于会员共同意愿，为公益目的或者会员共同利益等非营利目的设立的社会团体，经依法登记成立，取得社会团体法人资格；依法不需要办理法人登记的，从成立之日起，具有社会团体法人资格。

条文注释

社会团体，是指基于会员共同意愿，为公益目的或者会员共同利益等非营利目的设立的社会组织。根据这一规定，社会团体包括两种：(1)为公益目的而设立的，如中国红十字会、中华慈善总会等；(2)为会员共同利益设立的，如行业协会、商会等。

根据本条的规定，社会团体在设立程序上分为两种：(1)经依法登记成立，取得法人资格；(2)依法不需要办理法人登记，一经成立即具有法人资格。

理解本条时需要注意以下三点：(1)社会团体凭社会团体法人登记证书申请刻制印章，开立银行账户。社会团体应当将印章式样和银行账号报登记管理机关备案。(2)社会团体的分支机构、代表机构是社会团体的组成部分，不具有法人资格，应当按照其所属于的社会团体的章程所规定的宗旨和业务范围，在该社会团体授权的范围内开展活动、发展会员。社会团体的分支机构不得再设立分支机构。(3)社会团体不得设立地域性的分支机构。

关联法规

《社会团体登记管理条例》第10条

第九十一条　【社会团体法人的章程和组织机构】设立社会团体法人应当依法制定法人章程。

社会团体法人应当设会员大会或者会员代表大会等权力机构。

社会团体法人应当设理事会等执行机构。理事长或者会长等负责人按照法人章程的规定担任法定代表人。

条文注释

根据《社会团体登记管理条例》的规定，社会团体的章程应当包括下列事项：(1)名称、住所；(2)宗旨、业务范围和活动地域；(3)会员资格及其权利、义务；(4)民主的组织管理制度，执行机构的产生程序；(5)负责人的条件和产生、罢免的程序；(6)资产管理和使用的原则；(7)章程的修改程序；(8)终止程序和终止后资产的处理；(9)应当由章程规定的其他事项。

社会团体法人应当设会员大会或者会员代表大会等权力机构，一般会员人数相对较少的社会团体实行会员大会制度，由全体会员组成的会员大会作为该团体的决策机构。而会员人数相对较多的社会团体则实行会员代表大会制度，由全体会员选出代表他们的意志行事的一部分人召开大会，行使会员赋予的权利，对会员负责，作为该社会团体的决策机构，会员大会或者会员代表大会一般应当根据章程定期召开。

社会团体法人应当设理事会等执行机构。理事长或者会长等负责人按照法人章程的规定担任法定代表人，理事会在全国会员大会或者代表大会闭会期间执行其决议。理事会的任期及职责等由社会团体的章程规定。

社会团体的理事长或者会长等负责人按照法人章程的规定担任法定代表人。社会团体的法定代表人，不得同时担任其他社会团体的法定代表人。

第九十二条　【捐助法人的定义和范围】具备法人条件，为公益目的以捐助财产设立的基金会、社会服务机构等，经依法登记成立，取得捐助法人资格。

依法设立的宗教活动场所，具备法人条件的，可以申请法人登记，取得捐助法人资格。法律、行政法规对宗教活动场所有规定的，依照其规定。

条文注释

捐助法人是为公益目的，以捐助财产设立的非营利法人。根据这一规定，捐助法人的特点有两个：一是为公益目的设立；二是法人的财产全部来自捐助。捐助法人的范围主要包括基金会、社会服务机构、宗教活动场所等。

基金会、社会服务机构、宗教活动场所等组织具备法人条件，经依法登记，取得捐助法人资格。

1. 基金会

根据《基金会管理条例》的规定，国务院民政部门和省、自治区、直辖市人民政府民政部门是基金会的登记管理机关。

设立基金会应当具备下列条件：一是为特定的公益目的而设立；二是全国性公募基金会的原始基金不低于800万元人民币，地方性公募基金会的原始基金不低于400万元人民币，非公募基金会的原始基金不低于200万元人民币；原始基金必须为到账货币资金；三是有规范的名称、章程、组织机构以及与其开展活动相适应的专职工作人员；四是有固定的住所；五是能够独立承担民事责任。

2. 社会服务机构

社会服务机构进行法人登记的登记管理机关分为以下几种：(1)国务院民政部门和县级以上地方各级人民政府民政部门是本级人民政府的民办非企业单位登记管理机关；(2)国务院有关部门和县级以上地方各级人民政府的有关部门、国务院或者县级以上地方各级人民政府授权的组织，是有关行业、业务范围内民办非企业单位的业务主管单位。法律、行政法规对民办非企业单位的监督管理另有规定的,依照有关法律、行政法规的规定执行。

这里需要指出两点:一是社会服务机构不得设立分支机构。二是社会服务机构凭登记证书申请刻制印章,开立银行账户。民办非企业单位应当将印章式样、银行账号报登记管理机关备案。

3. 宗教活动场所

宗教活动场,是指开展宗教活动的寺院、宫观、清真寺、教堂及其他固定处所。依法设立的宗教活动场所,具备法人条件的,可以申请法人登记,取得捐助法人资格。

这里需要指出三点:(1)宗教活动场所的法人登记以具备法人条件为前提。考虑到不同宗教的做法不同,依法设立的宗教活动场所是否登记为法人,由其自行申请。(2)法律、行政法规对宗教活动场所有规定的,依照其规定。本条的规定不影响国家依法对宗教活动场所进行规范和管理。宗教活动场所从事各类活动必须符合《宗教事务条例》等法规的规定,接受宗教管理部门依法对其进行的监督管理。(3)赋予宗教活动场所法人资格不影响其与宗教团体的关系。

关联法规

《基金会管理条例》第8~13条;《民办非企业单位登记管理暂行条例》第8条;《宗教事务条例》第20条

第九十三条 【捐助法人的章程和组织机构】设立捐助法人应当依法制定法人章程。

捐助法人应当设理事会、民主管理组织等决策机构,并设执行机构。理事长等负责人按照法人章程的规定担任法定代表人。

捐助法人应当设监事会等监督机构。

条文注释

本条是关于捐助法人章程及组织机构的规定。目前主要适用的法律法规是《慈善法》《基金会管理条例》《宗教事务条例》。

第九十四条　【捐助人的权利】捐助人有权向捐助法人查询捐助财产的使用、管理情况，并提出意见和建议，捐助法人应当及时、如实答复。

捐助法人的决策机构、执行机构或者法定代表人作出决定的程序违反法律、行政法规、法人章程，或者决定内容违反法人章程的，捐助人等利害关系人或者主管机关可以请求人民法院撤销该决定。但是，捐助法人依据该决定与善意相对人形成的民事法律关系不受影响。

条文注释

本条规定了捐助人的以下权利：

（1）捐助人的监督权。捐助人有权向捐助法人查询捐助财产的使用、管理情况，并提出意见和建议。（2）捐助法人对捐助人行使监督权的配合义务。对于捐助人行使对所捐财产的监督权，捐助法人应当予以积极配合。（3）捐助人可以请求撤销捐助法人违法或者违反章程规定的决定，具体分为两种情况：一是决定程序违反法律、行政法规或者法人章程。捐助法人的决策机构、执行机构或者法定代表人作出决定的程序应当符合法律、行政法规、法人章程的规定。二是决定内容违反法人章程的规定。捐助法人的决策机构、执行机构或者法定代表人作出决定的内容应当符合法人章程的规定。法人章程是设立法人的重要依据，也是法人应当遵循的基本准则，对法人的决策机构、执行机构或者法定代表人均具有拘束力。

这里需要指出两点：（1）虽然法院依法撤销了该捐助法人所作的违法或者违反法人章程的决定，但捐助法人依据该决定与善意相对人形成的民事法律关系不受影响，这也是保护善意相对人的权益，维护交易安全的需要。（2）关于捐助法人的决策机构、执行机构、法定代表人作出决定的内容方面，本条的规定，只针对违反法人章程规定的情况，如果所作决定的内容违反的是法律、行政法规的强制性规定的，依据本法第143条、第153条的规定，除该强制性规定不导致民事法律行为无效的外，属于无效民事法律行为，不属于本条规定的可撤销的民事法律行为。

关联法规

《基金会管理条例》第 39 条;《宗教事务条例》第 57、58 条

第九十五条　【非营利法人终止时剩余财产的处理】为公益目的成立的非营利法人终止时,不得向出资人、设立人或者会员分配剩余财产。剩余财产应当按照法人章程的规定或者权力机构的决议用于公益目的;无法按照法人章程的规定或者权力机构的决议处理的,由主管机关主持转给宗旨相同或者相近的法人,并向社会公告。

条文注释

理解本条需要注意的是,由于非营利法人的范围比较宽,包括捐助法人和事业单位法人,以及部分社会团体法人。对各类非营利法人剩余财产的处理,如果其他法律另有规定的,要依照其规定。另外,事业单位终止后剩余财产的处理,原则上要符合国有资产管理的有关规定。

关联法规

《慈善法》第 18 条;《民办教育促进法》第 58、59 条

第四节　特别法人

第九十六条　【特别法人的范围】本节规定的机关法人、农村集体经济组织法人、城镇农村的合作经济组织法人、基层群众性自治组织法人,为特别法人。

条文注释

本条是关于特别法人类型的总括性规定。特别法人主要包括以下几种:

(1)机关法人,是指依法行使国家权力,并因行使国家权力的需要而享有相应的民事权利能力和民事行为能力的国家机关。机关法人成立的方式为依据《宪法》和法律的规定,为履行法定职能而特

许设立,无须经专门机构核准登记。

(2)农村集体经济组织法人。农村集体经济组织是为实行社会主义公有制改造,在自然乡村范围内,由农民自愿联合,将其各自所有的生产资料(土地、较大型农具、耕畜)投入集体所有,由集体组织农业生产经营,农民进行集体劳动,实行各尽所能、按劳分配的农业社会主义经济组织。农村集体经济组织是农村集体资产经营管理的主体,依法代表农民集体行使农村集体资产所有权。

(3)城镇农村的合作经济组织法人。城镇农村的合作经济组织是按照自愿互利、民主管理、协作服务原则组建的农村经济组织,主要是指供销合作社等。

(4)基层群众性自治组织法人。基层群众性自治组织是指在城市和农村按居民、村民的居住地区建立起来的居民委员会和村民委员会。居民委员会、村民委员会是建立在我国社会的最基层并与群众直接联系的组织,是在自愿的基础上由群众按照居住地区自己组织起来管理自己事务的组织。居民委员会和村民委员会具有如下特点:群众性、自治性、基层性。

第九十七条　【机关法人】有独立经费的机关和承担行政职能的法定机构从成立之日起,具有机关法人资格,可以从事为履行职能所需要的民事活动。

条文注释

理解本条应注意以下两点:

(1)有独立经费的机关。机关法人的经费来自财政拨款。机关法人的设立依据是《宪法》等法律,其设立的目的是代表国家行使公权力,履行法定的职责。机关法人的独立经费,来自国家的财政拨款。

(2)有独立经费的承担行政职能的法定机构。承担行政职能的法定机构,主要是指依法承担行政管理职能的有关事业单位,中国证券监督管理委员会、中国银行保险监督管理委员会等机构依据《证券法》《商业银行法》《保险法》等法律的规定,对证券期货市场、金融、保险行业实施监督管理，这样的机构虽然性质为事业单位，但因其履行行政职能，因而具有机关法人资格。

机关法人可以从事为履行职能所需要的民事活动。机关法人履行法定职能所从事的活动包括两种：一种是公法意义的活动，如行政管理活动；另一种则是私法意义上的活动，即民事活动，如购买办公用品等。

第九十八条 【机关法人终止】机关法人被撤销的，法人终止，其民事权利和义务由继任的机关法人享有和承担；没有继任的机关法人的，由作出撤销决定的机关法人享有和承担。

条文注释

机关法人被撤销的，法人终止。机关法人成立后，可能会因为机构改革等原因而被撤销，这样该机关法人在法律上予以终止。法人终止后，其民事权利和民事义务由继任的机关法人享有和承担。

如果机关法人被撤销后，没有继任的机关法人的，则由作出撤销决定的机关法人享有和承担被撤销机关法人的民事权利和义务。

第九十九条 【农村集体经济组织法人】农村集体经济组织依法取得法人资格。

法律、行政法规对农村集体经济组织有规定的，依照其规定。

条文注释

农村集体经济组织是农村集体资产经营管理的主体，依法代表农民集体行使农村集体资产所有权。

农村集体经济组织具有自身的独特性：(1)属于经济组织，具有营利性。(2)具有集体利益保障性。作为农村集体组织成员的村民以承包地等资产加入农村集体经济组织，通过该组织的经营活动取得分红等收入，所以该组织具有保障成员利益的功能和责任。(3)组织成员具有相对封闭性。农村集体经济组织的成员是该组织所覆盖的社区的村民，这些村民以承包地等资产加入农村集体经济组织，成为组织成员，所以集体经济组织的成员资格与村民作为土地承包经营权人的身份密不可分，具有相对封闭性，所在社区以外的人员一般不能成为农村集体经济组织的成员。正是由于农村集体经济组织的上述特点，使其既不同于企业法人，又不同于农民专业合作组织，也不同于社会团体。

关联法规

《农村土地承包法》第13条

第一百条　【城镇农村的合作经济组织法人】城镇农村的合作经济组织依法取得法人资格。

法律、行政法规对城镇农村的合作经济组织有规定的，依照其规定。

条文注释

城镇农村的合作经济组织是按照自愿互利、民主管理、协作服务原则组建的经济组织，主要是指供销合作社等。供销合作社是为农服务、以农民为主体的集体所有制合作经济组织，是党和政府密切联系农民群众的桥梁纽带和做好农业、农村、农民工作的重要载体。

供销合作社分为基层供销合作社，县级、市级、省级供销合作社联合社，中华全国供销合作总社。

关联法规

《农民专业合作社法》第5条

第一百零一条　【基层群众性自治组织法人】居民委员会、村民委员会具有基层群众性自治组织法人资格，可以从事为履行职能所需要的民事活动。

未设立村集体经济组织的，村民委员会可以依法代行村集体经济组织的职能。

条文注释

居民委员会和村民委员会都是我国的基层群众性自治组织。居民委员会是居民自我管理、自我教育、自我服务的基层群众性自治组织。村民委员会是村民自我管理、自我教育、自我服务的基层群众性自治组织，实行民主选举、民主决策、民主管理、民主监督。

农村集体经济组织的职责主要是组织本集体成员参加生产活动，利用本经济组织的生产资料、生产工具等从事生产经营活动。根据本条第2款的规定，未设立村集体经济组织的，村民委员会可以依法代行村集体经济组织的职能。

关联法规

《村民委员会组织法》第2条；《城市居民委员会组织法》第2～4条；《最高人民法院关于适用〈中华人民共和国民事诉讼法〉的解释》第68条

第四章　非法人组织

第一百零二条　【非法人组织的定义和范围】非法人组织是不具有法人资格，但是能够依法以自己的名义从事民事活动的组织。

非法人组织包括个人独资企业、合伙企业、不具有法人资格的专业服务机构等。

条文注释

非法人组织，是指不具有法人资格但可以以自己的名义进行民事活动的组织，亦称非法人团体。

非法人组织具有以下特点：(1)虽然不具有法人资格，但能够依法以自己的名义从事民事活动；(2)依法成立；(3)有一定的组织机构；(4)有一定的财产或经费；(5)不具有独立承担民事责任的能力。

非法人组织的范围包括：(1)个人独资企业。个人独资企业，是指依照该法在中国境内设立，由一个自然人投资，财产为投资人个人所有，投资人以其个人财产对企业债务承担无限责任的经营实体。(2)合伙企业。合伙企业，是指自然人、法人和其他组织依照该法在中国境内设立的普通合伙企业和有限合伙企业。(3)不具有法人资格的专业服务机构。不具有法人资格的专业服务机构，主要是指律师事务所、会计师事务所等。这类事业服务机构一般多采用合伙制，不具有法人资格，所从事的活动为提供律师、会计师等专业服务。

关联法规

《个人独资企业法》第2条；《合伙企业法》第2条；《律师法》第15条；《注册会计师法》第23条

第一百零三条 【非法人组织的设立程序】非法人组织应当依照法律的规定登记。

设立非法人组织，法律、行政法规规定须经有关机关批准的，依照其规定。

条文注释

设立非法人组织的程序包括两种：(1)设立登记，即设立非法人组织应当依法进行登记。例如，《个人独资企业法》规定，设立个人独资企业，应当向负责企业登记的市场监督管理部门进行登记。(2)设立审批，即设立非法人组织须依法经有关机关批准。如果法律、行政法规规定应当经过批准才能设立某一非法人组织的，则依照其规定，经批准设立。如《律师法》《注册会计师法》均规定，设立律师事务所、会计师事务所应当分别经作为主管部门的司法部门、财政部门的批准。

关联法规

《个人独资企业法》第9条；《律师法》第18条；《注册会计师法》第25条

第一百零四条 【非法人组织民事责任的承担】非法人组织的财产不足以清偿债务的，其出资人或者设立人承担无限责任。法律另有规定的，依照其规定。

条文注释

非法人组织不具有法人资格，不能独立承担民事责任。所以，虽然非法人组织有自己的财产,但当其财产不足以对外清偿债务的,其出资人或者设立人应当以其个人或者家庭财产承担无限责任。

需要注意的是,对非法人组织的民事责任问题,如果其他法律另有规定的,要依照其规定,而不适用本条的规定。例如,《合伙企业法》对特殊的普通合伙企业的民事责任问题作了特别规定。

第一百零五条　【非法人组织的代表人】非法人组织可以确定一人或者数人代表该组织从事民事活动。

条文注释

非法人组织代表人,是指非法人组织根据其章程、协议或者经共同决定,来确定由其代表该组织对外从事民事活动的人。非法人组织的代表人可以是一个人,也可以是多个人。

非法人组织代表人的职责主要是对外代表非法人组织从事民事活动,并按照组织章程的规定履行报告相关情况。非法人组织代表人对外从事民事活动而产生的民事权利和民事义务由非法人组织承担。

第一百零六条　【非法人组织解散的情形】有下列情形之一的,非法人组织解散:

(一)章程规定的存续期间届满或者章程规定的其他解散事由出现;

(二)出资人或者设立人决定解散;

(三)法律规定的其他情形。

条文注释

非法人组织的解散是非法人组织终止的原因,非法人组织解散,意味着该组织民事主体资格的消灭,不再具有民事权利能力和民事行为能力。

非法人组织解散的事由有以下三种:(1)章程规定的存续期间届满或者章程规定的其他解散事由出现。如果非法人组织在其章程中明确规定了该组织的存续期间,那么该期间一旦届满,该组织没有继续存续的意愿，即可以解散。(2)出资人或者设立人决定解散。非法人组织的出资人或者设立人可以根据该组织的经营情况等，自行决定解散该组织，即使非法人组织章程规定的存续期间没有届满，出资人或者设立人也可以决定解散该组织。(3)法律规定的其他情形。除上述两项情形外，如果有关法律规定了非法人组织的解散情形的，一旦这些法定情形出现，该组织也应解散。例如，《合伙企业法》规定了合伙企业解散的七种法定情形。

关联法规

《合伙企业法》第85条

第一百零七条　【非法人组织的解散清算】非法人组织解散的，应当依法进行清算。

条文注释

非法人组织符合本法第106条规定的解散情形的，即可以解散，解散应当依法进行清算。非法人组织的清算就是非法人组织解散后，依法确定清算人开展的清理结束现有业务、了结债权债务关系的活动。出资人或设立人在非法人组织出现解散事由后，应当解散非法人组织，指定清算人开展清算活动。

关于非法人组织的清算，各相关法律也都有专门的规定。其具体包括：(1)清算人确定。其可以由非法人组织的设立人或出资人确定，或者按照法律规定的方式确定。(2)清算人担任。其可以由非法人组织的出资人或者设立人担任，也可以是设立人或出资人委托的人，还可能是法律规定的其他人员。(3)清算人的职责。这通常包括了结现有业务(即对结束各种尚未完成的业务活动)、收取债权、偿还债务和移交剩余财产等。(4)相关禁止和后续手续。清算期间，非法人组织不得开展与清算目的无关的活动。非法人组织清算完成后，依法需要登记的非法人组织，还需要到登记机关办理注销登记手续，完成注销登记手续后非法人组织终止。

关联法规

《个人独资企业法》第27～30条

第一百零八条　【参照适用】非法人组织除适用本章规定外，参照适用本编第三章第一节的有关规定。

条文注释

非法人组织除适用本节关于该类组织的专门性规定，包括设立、民事责任承担、解散、清算等的规定外，对于本节未作规定的，可以参照适用本编第3章第1节有关法人的一般规定。

这里应当指出的是，“参照适用”不是完全适用，对于法人的一般性规定，非法人组织能够适用的，就适用；不能够完全适用的，可以参照相关规定的原则、精神，在适用时作灵活处理。

第五章　民事权利

第一百零九条　【人身自由、人格尊严受法律保护】自然人的人身自由、人格尊严受法律保护。

条文注释

人身自由，包括身体行动的自由和自主决定的自由，是自然人自主参加社会各项活动、参与各种社会关系、行使其他人身权和财产权的基本保障，是自然人行使其他一切权利的前提和基础。

人格尊严，既包括静态和消极的人格尊严，也包括动态和积极的人格尊严，亦即人格形成和人格发展，涉及姓名权、名誉权、荣誉权、肖像权、隐私权等。

人身自由和人格尊严是人格权获得法律保护的价值依据，是自然人自主参加社会各项活动、参与各种社会关系、行使其他人身权和财产权的基本保障，是自然人行使其他一切权利的前提和基础。

关联法规

《宪法》第37～38条；《最高人民法院关于确定民事侵权精神损害赔偿责任若干问题的解释》第1条

第一百一十条 【民事主体的人格权】自然人享有生命权、身体权、健康权、姓名权、肖像权、名誉权、荣誉权、隐私权、婚姻自主权等权利。

法人、非法人组织享有名称权、名誉权和荣誉权。

条文注释

人格权是存在于民事主体人格上的权利,是民事主体对其特定的人格利益享有的权利,关系每个人的人格尊严和人身自由,是民事主体最基本、最重要的权利。

1. 自然人的人格权

(1)生命权。生命权,是指自然人享有的以维护生命安全和生命尊严为内容的权利,其以自然人的生命安全利益为内容,以生命安全和生命维持为客体,以维护人的生命活动延续为基本内容。

(2)身体权。身体权,是指自然人享有的以维护身体完整和行动自由为内容的权利,其是自然人保持其身体组织完整并支配其肢体、器官和其他身体组织的权利。

(3)健康权。健康权,是指自然人享有的以维护自己的身心健康为内容的权利,其是以自然人维护其机体生理机能正常运作和功能完善发挥为内容的权利。

(4)姓名权。姓名权,是指自然人享有的依法决定、使用、变更或者许可他人使用自己姓名的权利。

(5)肖像权。肖像权,是指自然人享有的依法制作、使用、公开或者许可他人使用自己肖像的权利,其体现在自然人对自己的肖像上体现的精神利益和物质利益所享有的权利。

(6)名誉权。名誉权,是指自然人、法人和非法人组织就其品德、声望、才能、信用等所获得的社会评价所享有的保有和维护的权利,也就是说其是自然人就其自身属性和价值所获得的社会评价所享有的保有和维护的权利。

(7)荣誉权。荣誉权,是指民事主体对自己所获得的荣誉及其利益所享有的保持、支配的权利。

(8)隐私权。隐私权，是指自然人享有的私人生活安宁与不愿为他人知晓的私密空间、私密活动、私密信息等依法受到保护，不受他人刺探、侵扰、泄露和公开的权利。

(9)婚姻自主权。婚姻自主权，是指自然人享有的结婚、离婚自由不受他人干涉的权利。

2. 法人、非法人组织的人格权

(1)名称权。名称权，是指法人和非法人组织享有的依法决定、使用、变更、转让或者许可他人使用自己名称的权利。

(2)名誉权。名誉权，是指就其品德、声望、才能、信用等所获得的社会评价，所享有的保有和维护的权利。

(3)荣誉权。荣誉权，是指法人、非法人组织对其获得的荣誉及其利益所享有的保持、支配的权利。

与自然人享有的人格权益相比，法人和非法人组织不能享有生命权、身体权、健康权等专属于自然人的权利。

关联法规

《基本医疗卫生与健康促进法》第4条

第一百一十一条　【个人信息受法律保护】自然人的个人信息受法律保护。任何组织或者个人需要获取他人个人信息的，应当依法取得并确保信息安全，不得非法收集、使用、加工、传输他人个人信息，不得非法买卖、提供或者公开他人个人信息。

条文注释

自然人的个人信息，是指以电子或者其他方式记录的能够单独或者与其他信息结合识别特定自然人的各种信息，包括自然人的姓名、出生日期、身份证件号码、生物识别信息、住址、电话号码、电子邮箱、健康信息、行踪信息等。

立法机关高度重视对自然人个人信息的保护，不断完善保护个人信息的法律规定。《全国人民代表大会常务委员会关于加强网络信息保护的决定》《消费者权益保护法》《商业银行法》《医师法》《居民身份证法》等法律及决定从不同角度对各自领域的自然人隐私权和个人信息进行保护。一方面在侵犯自然人隐私权和个人信息行为较为严重的领域，明确当事人各方的权利义务；另一方面规定了侵犯隐私权和个人信息的民事责任、行政责任及刑事责任，加大惩罚力度。

关联法规

《网络安全法》第42、76条；《消费者权益保护法》第14、29、50条；《医师法》第23条；《居民身份证法》第19条；《刑法》第253条之一

第一百一十二条 【因婚姻家庭关系等产生的人身权利受法律保护】自然人因婚姻家庭关系等产生的人身权利受法律保护。

条文注释

自然人因婚姻家庭关系等产生的人身权利主要包括以下内容：(1)自然人因婚姻关系产生的人身权利。例如，男女双方通过结婚形成婚姻关系，夫妻之间因为婚姻关系产生一些人身权利，如夫妻双方的扶养权利和义务。(2)自然人因家庭关系产生的人身权利。自然人因家庭关系产生一些人身权利。如父母对子女的亲权和履行监护职责产生的权利。(3)自然人因收养关系产生的人身权利。根据本法第1111条的规定，自收养关系成立之日起，养父母与养子女间的权利义务关系，适用本法关于父母子女关系的规定；养子女与养父母的近亲属间的权利义务关系，适用本法关于子女与父母的近亲属关系的规定。

第一百一十三条 【财产权利受法律平等保护】民事主体的财产权利受法律平等保护。

条文注释

民事主体的财产权利受法律平等保护是由民法调整的社会关系的性质决定的。本法第2条规定，民法调整平等主体的自然人、法人和非法人组织之间的人身关系和财产关系。第4条规定，民事主体在民事活动中的法律地位一律平等。平等集中反映了民事法律

关系的本质属性，是民事法律关系区别于其他法律关系的主要标志。本条在本法规定平等原则的基础上，单列一条规定民事主体的财产权利受法律平等保护。

本条的核心是“平等保护”。民事主体的财产权利受法律平等保护也是市场经济的内在要求。《宪法》规定，国家实行社会主义市场经济。公平竞争、平等保护、优胜劣汰是市场经济的基本法则。在社会主义市场经济条件下，各种所有制经济形成的市场主体都处于平等地位，享有相同权利，遵守相同规则，承担相同责任。

关联法规

《宪法》第12、13条；《民法典》第2、4条

第一百一十四条 【物权的特征及类型】民事主体依法享有物权。

物权是权利人依法对特定的物享有直接支配和排他的权利，包括所有权、用益物权和担保物权。

条文注释

物权具有以下特征：

(1)物权的权利人对物享有直接支配的权利。各种物权均以直接支配物作为其基本内容。“直接”即权利人实现其权利不必借助他人，在法律规定的范围内，完全可以按照自己的意愿行使权利。“支配”有安排、利用的意思，包括占有、使用、收益和处分。“直接支配”指的是对于物不需要他人的协助、配合，权利人就能对物自主利用。

(2)物权的排他性。物权的排他性，是指一物之上不能有相互冲突的物权，如所有权，一物之上只能有一个所有权，此物是我的就不是你的；即使一物之上可以设定若干个抵押权，但由于是按照抵押权设定的先后顺序优先受偿，各个抵押权之间也不存在冲突。

物权可以分为以下类型：

(1)所有权。所有权，是指权利人依法对自己的不动产和动产享有全面支配的权利。所有权具有四项权能，即占有、使用、收益和处分。占有是对于财产的实际管领或控制，拥有一个物的一般前提就是占有，这是财产所有者直接行使所有权的表现。使用是权利主

体对财产的运用,发挥财产的使用价值。拥有物的目的一般是为了使用。收益是通过财产的占有、使用等方式取得的经济效益。处分是财产所有人对其财产在事实上和法律上的最终处置。

(2)用益物权。用益物权,是指权利人对他人所有的不动产或者动产,依法享有占有、使用和收益的权利。物权编规定了土地承包经营权、建设用地使用权、宅基地使用权、地役权、居住权这几种用益物权。用益物权是以对他人所有的不动产或者动产为使用、收益的目的而设立的,因而被称作"用益"物权。用益物权制度是物权法律制度中一项非常重要的制度,与所有权制度、担保物权制度一同构成了物权制度的完整体系。

(3)担保物权。担保物权是为了确保债务履行而设立的物权,当债务人不履行债务时,债权人就担保财产依法享有优先受偿的权利。担保物权对保证债权实现、维护交易秩序、促进资金融通,具有重要作用。

第一百一十五条 【物权客体】物包括不动产和动产。法律规定权利作为物权客体的,依照其规定。

条文注释

法律上所指的物,主要是不动产和动产。不动产是不可移动的物,如土地以及房屋、林木等土地附着物。动产是不动产以外的可移动的物,如机动车、电视机等。

精神产品不属于物权制度的调整范围,但是在有些情况下,财产权利可以作为担保物权的标的,比如可以转让的注册商标专用权、专利权、著作权等知识产权中的财产权,可以出质作为担保物权的标的,形成权利质权,由此权利也成了物权的客体。因此,本条规定,法律规定权利作为物权客体的,依照规定。

第一百一十六条 【物权法定原则】物权的种类和内容,由法律规定。

条文注释

物权法定,有两层含义:

(1)物权由法律规定,当事人不能自由创设物权。物权法定中的"法",指法律,即全国人大及其常委会制定的法律,除法律明确规定可以由行政法规、地方性法规规定的外,一般不包括行政法规和地方性法规。需要说明的是,物权法定中的法律,既包括民《民法典》物权编,又包括其他法律,如《土地管理法》《城市房地产管理法》《矿产资源法》《草原法》等,这些法律中都有对物权的规定。物权法律的许多规定都是强制性规范,当事人应当严格遵守,不能由当事人约定排除,除非法律规定了"有约定的按照约定""当事人另有约定的除外"这些例外情形。

(2)违背物权法定原则,所设"物权"没有法律效力。

第一百一十七条　【征收、征用】为了公共利益的需要,依照法律规定的权限和程序征收、征用不动产或者动产的,应当给予公平、合理的补偿。

条文注释

征收是国家以行政权取得集体、单位和个人的财产所有权的行为。征收的主体是国家,通常是政府以行政决定的方式从集体、单位和个人手中取得土地、房屋等财产。

征用是国家为了抢险、救灾等公共利益需要,在紧急情况下强制性地使用单位、个人的不动产或者动产。征用的目的只在获得使用权,征用不导致所有权移转,被征用的不动产或者动产使用后,应当返还被征用人。

征收和征用应当遵循以下三个原则:(1)实施征收、征用,必须是出于公共利益的需要,这是征收、征用的前提条件。一是要同商业利益相区别;二是要同部门、单位和小集体的利益相区别。(2)征收、征用必须严格依照法律规定的程序进行。(3)尽管征收和征用是为了公共利益需要,但都不能采取无偿剥夺的方式,必须依法给予补偿。

关联法规

《国有土地上房屋征收与补偿条例》第8条

第一百一十八条　【债权】民事主体依法享有债权。

债权是因合同、侵权行为、无因管理、不当得利以及法律的其他规定，权利人请求特定义务人为或者不为一定行为的权利。

条文注释

债是因合同、侵权行为、无因管理、不当得利以及法律的其他规定，特定当事人之间发生的权利义务关系。

债的发生原因包括以下几种情况：

(1)合同。合同是民事主体之间设立、变更、终止民事法律关系的协议。合同依法成立后，即在当事人之间产生债权债务关系。

(2)侵权行为。侵权行为是侵害他人民事权益的行为。民事权益受到侵害的，被侵权人有权请求侵权人承担侵权责任。因侵权行为，侵权人与被侵权人之间形成债权债务关系。

(3)无因管理。无因管理，是指没有法定的或者约定的义务，为避免他人利益受损失而进行管理的行为。因无因管理产生的债称为无因管理之债。无因管理之债并不是基于当事人的意愿设定的，而是根据法律的规定，为法定之债。

(4)不当得利。不当得利，是指没有法律根据，取得不当利益，造成他人损失的情形。不当得利为债的发生原因，基于不当得利而产生的债称为不当得利之债。不当得利之债既不同于合同之债，也不同于无因管理之债。

(5)法律的其他规定。合同、侵权行为、无因管理、不当得利是债的发生的主要原因，除此之外，法律的其他规定也会引起债的发生，使民事主体依法享有债权。

第一百一十九条　【合同的约束力】依法成立的合同，对当事人具有法律约束力。

条文注释

法律约束力，是指当事人应当按照合同的约定履行自己的义务，非依法律规定或者取得对方同意，不得擅自变更或者解除合同。如果不履行合同义务或者履行合同义务不符合约定，应当承担违约责任。

第一百二十条　【侵权责任的承担】民事权益受到侵害的，被侵权人有权请求侵权人承担侵权责任。

条文注释

请求权，是指请求他人为一定行为或者不为一定行为的权利。请求权人自己不能直接取得作为该权利内容的利益，必须通过他人的特定行为间接取得。在侵权人的行为构成侵权，侵害了被侵权人的民事权益时，被侵权人有权请求侵权人承担侵权责任。被侵权人可以直接向侵权人行使请求权，也可以向法院提起诉讼，请求法院保护自己的合法权益。

被侵权人是侵权行为损害后果的直接承受者，是因侵权行为而使民事权益受到侵害的人。被侵权人可以是所有具有民事权利能力的民事主体，只要具有实体法上的民事权利能力，又因侵权行为而使其民事权益受到侵害的人，就具有被侵权人的资格，包括自然人、法人和非法人组织。被侵权人可能是单个主体也可能是多个主体。

在侵权法律关系中，侵权人是承担侵权责任的主体，在诉讼中为被告。侵权人一般是直接加害人，直接加害人是直接实施侵权行为，造成被侵权人损害的人。在替代责任形式的特殊侵权责任中，直接造成损害的行为人不直接承担侵权责任，承担侵权责任的主体是替代责任的责任人。

侵权人承担侵权责任有多种方式主要有：停止侵害；排除妨碍；消除危险；返还财产；恢复原状；修理、重作、更换；继续履行；赔偿损失；支付违约金；消除影响、恢复名誉；赔礼道歉。法律规定惩罚性赔偿的，依照其规定。承担民事责任的方式，可以单独适用，也可以合并适用。

关联法规

《最高人民法院关于审理人身损害赔偿案件适用法律若干问题的解释》第1条

第一百二十一条 【无因管理】没有法定的或者约定的义务,为避免他人利益受损失而进行管理的人,有权请求受益人偿还由此支出的必要费用。

条文注释

无因管理,是指没有法定的或者约定的义务,为避免他人利益受损失而进行管理的行为。无因管理有以下构成要件:(1)管理他人事务。管理他人事务,即为他人进行管理,这是成立无因管理的首要条件。(2)为避免他人利益受损失。(3)没有法定的或者约定的义务。

第一百二十二条 【不当得利】因他人没有法律根据,取得不当利益,受损失的人有权请求其返还不当利益。

条文注释

不当得利,是指没有法律根据,取得不当利益,造成他人损失的情形。

构成不当得利的构成要件如下:

(1)民事主体一方取得利益。取得利益,是指财产利益的增加。既包括积极的增加,即财产总额的增加;也包括消极的增加,即财产总额应减少而未减少,如本应支付的费用没有支付等。

(2)民事主体他方受到损失。受到损失,是指财产利益的减少。既包括积极损失,即财产总额的减少;也包括消极损失,即应当增加的利益没有增加。

(3)一方取得利益与他方受到损失之间有因果关系。一方取得利益与他方受到损失之间有因果关系,是指他方的损失是因一方获得利益造成的。

(4)没有法律根据。没有法律根据是构成不当得利的重要要件。如果一方取得利益和他方受到损失之间有法律根据,民事主体之间的关系就受到法律的认可和保护,不构成不当得利。

不当得利在民法中产生的情况主要有以下几种:(1)民事法律行为不成立、无效及被撤销所产生的不当得利;(2)履行不存在的债务所引起的不当得利;(3)因合同解除产生的不当得利;(4)基于受益人、受害人或第三人行为而产生的不当得利;(5)基于事件而产生的不当得利。

第一百二十三条　【知识产权】民事主体依法享有知识产权。

知识产权是权利人依法就下列客体享有的专有的权利:

(一)作品;

(二)发明、实用新型、外观设计;

(三)商标;

(四)地理标志;

(五)商业秘密;

(六)集成电路布图设计;

(七)植物新品种;

(八)法律规定的其他客体。

条文注释

知识产权具有以下特征:(1)知识产权是一种无形财产权;(2)知识产权具有财产权和人身权的双重属性;(3)知识产权具有专有性;(4)知识产权具有地域性;(5)知识产权具有时间性。

知识产权是权利人依法就下列客体所享有的专有权利:

(1)作品。对作品的知识产权保护主要规定在著作权相关法律法规中。著作权,是指著作权人对其作品享有的人身权和财产权,包括发表权、署名权、修改权、保护作品完整权、复制权、发行权、出租权、展览权、表演权、放映权、广播权、信息网络传播权、摄制权、改编权、翻译权、汇编权和应当由著作权人享有的其他权利。

(2)发明、实用新型、外观设计。对发明、实用新型、外观设计的知识产权保护主要规定在专利权相关法律法规中。发明,是指对产品、方法或者其改进所提出的新的技术方案。实用新型,是指对产品的形状、构造或者其结合所提出的实用的新的技术方案。外观设计,是指对产品的形状、图案或者其结合以及色彩与形状、图案的结合所作出的富有美感并适于工业应用的新设计。

(3)商标。对商标的知识产权保护主要规定在商标权相关法律法规中。商标专用权是商标专用权人在核准商品上使用注册商标的专有权利。

(4)地理标志。地理标志,是指标示某商品来源于某地区,该商品的特定质量、信誉或者其他特征,主要由该地区的自然因素或者人文因素所决定的标志。权利人依法就地理标志享有专有权。

(5)商业秘密。商业秘密,是指不为公众所知悉、能为权利人带来经济利益、具有实用性并经权利人采取保密措施的技术信息和经营信息。权利人依法对商业秘密享有专有权。

(6)集成电路布图设计。集成电路布图设计,是指集成电路中至少有一个是有源元件的两个以上元件和部分或者全部互联线路的三维配置,或者为制造集成电路而准备的上述三维配置。权利人依法对集成电路布图设计享有专有权。

(7)植物新品种。植物新品种,是指经过人工培育的或者对发现的野生植物加以开发,具备新颖性、特异性、一致性和稳定性并有适当命名的植物品种。对植物新品种的知识产权保护主要规定在《种子法》《农业法》《植物新品种保护条例》等相关法律法规中。

(8)法律规定的其他客体。除了本条明确列举的知识产权的客体,本条第8项规定了"法律规定的其他客体"。本项规定实际上为未来知识产权客体的发展留出了空间。

关联法规

《著作权法》第3条;《专利法》第2条;《商标法》第3、16、57条;《农业法》第23、49条;《反不正当竞争法》第9条;《种子法》第25条;《集成电路布图设计保护条例》第2条

第一百二十四条　【继承权】自然人依法享有继承权。

自然人合法的私有财产，可以依法继承。

条文注释

继承权，是指自然人依照法律的规定或者被继承人生前立下的合法有效的遗嘱而取得被继承人遗产的权利。继承权是自然人的一项基本民事权利。对自然人继承权的保护，是保护自然人个人财产所有权的必然要求。当自然人死亡时，将其生前个人所有的合法财产，依法转移给他的继承人，有利于提高自然人参加经济建设的积极性，为社会、家庭和个人积累财富，满足人们日益增长的物质生活和文化生活的需要。

本法继承编以本条规定为依据，在继承法和其他法律的基础上对继承的具体规则作了详细规定。

关联法规

《宪法》第13条；《未成年人保护法》第124条；《妇女权益保障法》第34条

第一百二十五条　【投资性权利】民事主体依法享有股权和其他投资性权利。

条文注释

股权，是指民事主体因投资公司成为公司股东而享有的权利。根据行使目的和方式的不同，股权可分为自益权和共益权两部分。自益权，是指股东基于自身利益诉求而享有的权利，可以单独行使，包括资产收益权、剩余财产分配请求权、股份转让权、新股优先认购权等。共益权，是指股东基于全体股东或者公司的利益诉求而享有的权利，包括股东会表决权、股东会召集权、提案权、质询权、公司章程及账册的查阅权、股东会决议撤销请求权等。

其他投资性权利，是指民事主体通过投资享有的权利。如民事主体通过购买证券、基金、保险等进行投资而享有的民事权利。

关联法规

《公司法》第4条

第一百二十六条　【其他民事权益】民事主体享有法律规定的其他民事权利和利益。

第一百二十七条　【数据、网络虚拟财产的保护】法律对数据、网络虚拟财产的保护有规定的，依照其规定。

条文注释

本条是对数据、网络虚拟财产的保护的规定。

目前存在的与数据相关联的法律概念中，联系最密切的是汇编作品和数据库。具有独创性的数据构成汇编作品受《著作权法》保护，我国未专门规定对数据库的保护。根据现有法律，对数据可以分别情况依据著作权、商业秘密来保护。

狭义的网络虚拟财产，是指网络游戏中存在的虚拟财产，包括游戏账号的等级、游戏货币、游戏人物等。

目前，我国网络虚拟财产纠纷主要有以下几种情况：(1)网络虚拟财产被盗纠纷；(2)网络虚拟财产交易纠纷；(3)网络虚拟财产权属确认纠纷；(4)网络游戏服务合同纠纷。

关联法规

《著作权法》第15条；《反不正当竞争法》第9条

第一百二十八条　【民事权利的特别保护】法律对未成年人、老年人、残疾人、妇女、消费者等的民事权利保护有特别规定的，依照其规定。

条文注释

我国不少法律对未成年人、老年人、残疾人、妇女、消费者等特殊群体所享有的民事权利有特别保护规定。如《消费者权益保护法》通过规定消费者的权利和经营者的义务来保护消费者的合法权益，规定消费者的知情权、选择权等权利，规定经营者负有保障消费者安全、质量保证、告知和召回等义务。《未成年人保护法》《老年人权益保障法》《残疾人保障法》《妇女权益保障法》对未成年人、老年人、残疾人、妇女的民事权利有特别保护规定。本条是对弱势群体民事权利的特别保护的衔接性规定。

第一百二十九条　【民事权利的取得方式】民事权利可以依据民事法律行为、事实行为、法律规定的事件或者法律规定的其他方式取得。

条文注释

民事权利的取得，是指民事主体依据合法的方式获得民事权利。根据本条规定，民事权利可以依据民事法律行为、事实行为、法律规定的事件或者法律规定的其他方式取得。

(1)民事法律行为。民事法律行为，是指民事主体通过意思表示设立、变更、终止民事法律关系的行为，民法理论一般称为法律行为。

(2)事实行为。事实行为，是指行为人主观上没有引起民事法律关系发生、变更或者消灭的意思，而依照法律的规定产生一定民事法律后果的行为。

(3)法律规定的事件。法律规定的事件，是指与人的意志无关而根据法律规定能引起民事法律关系变动的客观情况，如自然人的出生、死亡，自然灾害，生产事故，果实自落以及时间经过等。

(4)法律规定的其他方式。除了民事法律行为、事实行为、法律规定的事件，民事权利还可以依据法律规定的其他方式取得。

第一百三十条　【按照自己的意愿依法行使民事权利】民事主体按照自己的意愿依法行使民事权利，不受干涉。

条文注释

本条是自愿原则在行使民事权利中的体现，民事主体按照自己的意愿依法行使民事权利，不受干涉体现在：(1)民事主体有权按照自己的意愿依法行使民事权利或者不行使民事权利；(2)民事主体有权按照自己的意愿选择依法行使的民事权利内容;(3)民事主体有权按照自己的意愿选择依法行使民事权利的方式。民事主体按照自己的意愿行使权利,任何组织和个人不得非法干涉。

第一百三十一条　【权利义务一致】民事主体行使权利时,应当履行法律规定的和当事人约定的义务。

条文注释

民事主体依法享有的民事权利和承担的民事义务是民事法律关系的内容。在民事法律关系中,民事权利和民事义务是相互对立、相互联系的。民事权利的内容要通过相应的民事义务表现,民事义务的内容由相应的民事权利限定。

第一百三十二条　【不得滥用民事权利】民事主体不得滥用民事权利损害国家利益、社会公共利益或者他人合法权益。

条文注释

不得滥用民事权利,指民事权利的行使不得损害国家利益、社会公共利益或者他人合法权益。

滥用民事权利和侵权存在区别:权利滥用的前提是有正当权利存在,且是权利行使或与权利行使有关的行为,侵权行为一般事先没有正当权利存在;权利不得滥用原则是对民事主体行使民事权利的一定限制,通过限制民事主体不得滥用权利损害国家利益、社会公共利益或者他人合法权益,达到民事权利与国家利益、社会公共利益、他人合法权益的平衡,而侵权责任制度的目的是保护民事主体的权利。

关联法规

《宪法》第51条;《最高人民法院关于适用〈中华人民共和国民法典〉总则编若干问题的解释》第3条

第六章　民事法律行为

第一节　一般规定

第一百三十三条　【民事法律行为的定义】民事法律行为是民事主体通过意思表示设立、变更、终止民事法律关系的行为。

条文注释

民事法律行为具有以下几个特征：

(1)民事法律行为是民事主体实施的行为。民事法律行为作为一种法律事实，其必须是由自然人、法人和非法人组织这些民事主体实施的行为，非民事主体实施的行为不是民事法律行为。

(2)民事法律行为应当是以发生一定的法律效果为目的的行为。民事主体在社会生产生活中会从事各种各样的活动，但并非任何行为都是民事法律行为。设立民事法律关系，是指民事主体通过民事法律行为形成某种法律关系。变更民事法律关系，是指民事主体在保持原有民事法律关系效力的基础上，通过民事法律行为对其内容作出一些调整。消灭民事法律关系，是指民事主体通过民事法律行为消灭原民事法律关系，终止其效力。

(3)民事法律行为是以意思表示为核心要素的行为。意思表示，是指民事主体意欲发生一定法律效果的内心意思的外在表达，是民事法律行为最为核心的内容。民事法律行为之所以能对民事主体产生法律约束力，就是因为其是民事主体按照自己的意思作出的，这也是民事法律行为与事实行为最根本的区别。

民事法律行为作为民法中的一项重要法律制度，广泛适用于《民法典》的各个部分：一是适用于合同行为；二是适用于婚姻、遗嘱、收养等身份关系；三是在物权领域也有一定适用的空间；四是适用于商事领域。

第一百三十四条 【民事法律行为的成立】民事法律行为可以基于双方或者多方的意思表示一致成立，也可以基于单方的意思表示成立。

法人、非法人组织依照法律或者章程规定的议事方式和表决程序作出决议的，该决议行为成立。

条文注释

双方民事法律行为，是指双方当事人意思表示一致才能成立的民事法律行为。双方民事法律行为是现实社会经济生活中存在最多、运用最广的民事法律行为。最为典型的双方民事法律行为是合同。双方民事法律行为与单方民事法律行为的最大区别是行为的成立需要双方的意思表示一致，仅凭一方的意思表示而没有经过对方的认可或者同意不能成立。

多方民事法律行为，是指根据两个以上的民事主体的意思表示一致而成立的行为。多方民事法律行为与双方民事法律行为的相同之处是都需要所有当事人的意思表示才能成立；不同之处是双方民事法律行为的当事人只有两个，而多方民事法律行为的当事人有两个以上。订立公司章程的行为和签订合伙协议的行为就是较为典型的多方民事法律行为。

单方民事法律行为，是指根据一方的意思表示就能够成立的行为。单方民事法律行为主要可以分为两类：(1)行使个人权利而实施的单方行为，如所有权人抛弃所有权的行为等，这些单方民事法律行为仅涉及个人的权利变动，不涉及他人的权利变动；(2)涉及他人权利变动的单方民事法律行为，如立遗嘱，授予代理权，行使撤销权、解除权、选择权等处分形成权的行为。

决议行为，是指两个或者两个以上的当事人基于共同的意思表示而意图实现一定法律效果而实施的行为，其满足民事法律行为的所有条件，是一种民事法律行为。

第一百三十五条　【民事法律行为的形式】民事法律行为可以采用书面形式、口头形式或者其他形式；法律、行政法规规定或者当事人约定采用特定形式的，应当采用特定形式。

条文注释

书面形式，是指以文字等可以有形形式再现民事法律行为内容的形式。书面形式是合同书、信件、电报、电传、传真等可以有形地表现所载内容的形式。以电子数据交换、电子邮件等方式能够有形地表现所载内容，并可以随时调取查用的数据电文，视为书面形式。

口头形式，是指当事人以面对面的谈话或者以电话交流等方式形成民事法律行为的形式。口头形式的特点是直接、简便和快捷，在现实生活中数额较小或者现款交易的民事法律行为通常都采用口头形式。

除了书面形式和口头形式，本条还规定民事法律行为也可以采用其他形式。这是一项兜底性规定，主要是考虑到现实生活很复杂，民事法律行为的形式也多种多样，在某些情况下，当事人还可以采取书面形式和口头形式之外的方式形成民事法律行为。

对于民事法律行为是采用书面形式、口头形式还是其他形式，由当事人自主选择，法律原则上不干涉，但在一些特殊情况下，出于保护交易安全、避免纠纷等的考虑，有的法律、行政法规会对民事法律行为提出特殊要求，或者当事人会约定民事法律行为采用特定形式，在这种情况下，应当采用特定形式。

关联法规

《最高人民法院关于审理劳动争议案件适用法律问题的解释（一）》第43条；《最高人民法院关于适用〈中华人民共和国民法典〉总则编若干问题的解释》第18条

第一百三十六条　【民事法律行为的生效时间】民事法律行为自成立时生效，但是法律另有规定或者当事人另有约定的除外。

行为人非依法律规定或者未经对方同意，不得擅自变更或者解除民事法律行为。

条文注释

民事法律行为的生效,是指民事法律行为产生法律约束力。民事法律行为生效后,其法律拘束力主要体现在以下三个方面:

(1)对当事人产生法律拘束力。这种效力是民事法律行为的对内效力。民事法律行为一旦生效后,当事人应当依照民事法律行为的内容,按照诚信原则正确、全面地行使权利、履行义务,不得滥用权利,违反义务。

(2)对当事人以外的第三人产生一定的法律拘束力,这种法律拘束力是民事法律行为的对外效力。民事法律行为一旦生效后,任何组织和个人不得侵犯当事人的权利,不得非法阻挠当事人履行义务。

(3)民事法律行为生效后的法律效果还表现在,当事人违反民事法律行为的,应当依法承担民事责任,必要时人民法院也可以采取强制措施要求当事人继续履行民事法律行为所规定的义务。这一点在合同领域体现得尤为明显。

民事法律行为自成立时生效。需要强调两点:(1)成立时就生效的民事法律行为必须是具备一般有效要件的民事法律行为,就是说必须是依法成立的民事法律行为。不具备一般有效要件的民事法律行为在成立时可能会有三种后果:无效、被撤销、效力待定。(2)一些特殊的民事法律行为即使具备一般有效要件,在成立时也不立即生效,只有满足特殊生效要件后才生效。

本条第2款规定,行为人非依法律规定或者未经对方同意,不得擅自变更或者解除民事法律行为。本款规定表达了两层意思:(1)已经成立生效的民事法律行为对当事人具有法律拘束力,这时的法律拘束力体现在当事人必须尊重该民事法律行为,并通过自己的行为全面履行民事法律行为所设定的义务。(2)对于具备一般有效要件且成立,但还不具备特殊生效要件的民事法律行为,在特殊生效要件尚不具备前,除非当事人另有约定或者法律另有规定,任意一方当事人都不得擅自变更或者解除民事法律行为。

第二节　意　思　表　示

第一百三十七条　【有相对人的意思表示生效时间】以对话方式作出的意思表示，相对人知道其内容时生效。

以非对话方式作出的意思表示，到达相对人时生效。以非对话方式作出的采用数据电文形式的意思表示，相对人指定特定系统接收数据电文的，该数据电文进入该特定系统时生效；未指定特定系统的，相对人知道或者应当知道该数据电文进入其系统时生效。当事人对采用数据电文形式的意思表示的生效时间另有约定的，按照其约定。

关联法规

《最高人民法院关于适用〈中华人民共和国民法典〉总则编若干问题的解释》第29条

第一百三十八条　【无相对人的意思表示生效时间】无相对人的意思表示，表示完成时生效。法律另有规定的，依照其规定。

条文注释

意思表示，是指行为人为了产生一定民法上的效果而将其内心意思通过一定方式表达于外部的行为。

意思表示具有如下特征：(1)意思表示的表意人具有使民事法律关系发生变动的意图；(2)意思表示是一个将意思由内到外表示的过程；(3)意思表示可以产生一定的法律效果。

意思表示的类型很多，依据是否向相对人作出，意思表示可区分为有相对人的意思表示和无相对人的意思表示。有相对人的意思表示，又称为需要受领的意思表示，是指向特定对象作出的意思表示。无相对人的意思表示，又称为无须受领的意思表示，是指无须向特定对象作出的意思表示。

第137条是对有相对人的意思表示生效时间的规定。对于此类情况，该条又根据是否采用对话方式作了不同规定：(1)以对话方式作出的意思表示。以对话方式作出的意思表示，是指采取使相对方可以同步受领的方式进行的意思表示，如面对面交谈、电话等方式。(2)以非对话方式作出的意思表示。以非对话方式作出的意思表示，是表意人作出意思表示的时间与相对人受领意思表示的时间不同步，二者之间存在时间差。(3)以非对话方式作出的采用数据电文形式的意思表示。以数据电文形式作出的意思表示的生效时间分为以下三个层次：第一，对以非对话方式作出的采用数据电文形式的意思表示，相对人指定特定系统接收数据电文的，该数据电文进入该特定系统时生效。第二，未指定特定系统的，相对人知道或者应当知道该数据电文进入其系统时生效。第三，当事人对采用数据电文形式的意思表示的生效时间另有约定的，按照其约定。

第一百三十九条　【以公告方式作出的意思表示生效时间】以公告方式作出的意思表示，公告发布时生效。

条文注释

对于以公告方式作出的意思表示，公告发布时生效。这里的"公告方式"既可以是在有关机构的公告栏，例如人民法院的公告栏；也可以是在报纸上刊登公告的方式。以公告方式作出的意思表示，表意人一旦发出公告能够为社会公众所知道，就认为意思表示已经到达，即发生效力。

理解本条还需要注意：(1)本条所规定的表意人并不是在任何情况都可以采用公告方式作出意思表示，只有在表意人非因自己的过错而不知相对人的下落或者地址的情况下才可以采用公告方式作出意思表示，否则对相对人很不公平。(2)在表意人知道相对人下落的情况下，表意人不得采用公告方式作出意思表示，除非相对人同意。

第一百四十条 【意思表示的作出方式】行为人可以明示或者默示作出意思表示。

沉默只有在有法律规定、当事人约定或者符合当事人之间的交易习惯时,才可以视为意思表示。

条文注释

明示的意思表示,就是行为人以作为的方式使相对人能够直接了解到意思表示的内容。以明示方式作出的意思表示具有直接、明确、不易产生纠纷等特征。

默示的意思表示。这种方式又称为行为默示,是指行为人虽没有以语言或文字等明示方式作出意思表示,但以行为的方式作出了意思表示。

以沉默的方式作出的意思表示。沉默是一种既无语言表示也无行为表示的纯粹的缄默,是一种完全的不作为。只有在有法律规定、当事人约定或者符合当事人之间的交易习惯时,才可以视为意思表示。

第一百四十一条 【意思表示的撤回】行为人可以撤回意思表示。撤回意思表示的通知应当在意思表示到达相对人前或者与意思表示同时到达相对人。

条文注释

意思表示的撤回,是指在意思表示作出之后发生法律效力之前,意思表示的行为人欲使该意思表示不发生效力而作出的意思表示。

理解本条需要注意以下两点:

(1)意思表示的撤回原则上只有在该意思表示有相对人的情况下才有意义,若是无相对人的意思表示则不存在撤回的问题。

(2)意思表示的撤回与意思表示的撤销是不同的。意思表示的撤回是在意思表示未生效前使其不发生效力;而意思表示的撤销,是指在意思表示作出并生效之后,行为人又作出取消其意思表示的表示。由于意思表示在到达后已经生效,相对人已知悉了意思表示的内容，甚至可能已经对该意思表示产生了合理的信赖，因此，行为人能否在意思表示生效后取消其意思表示，需要考虑保障相对人合理信赖的问题。这与意思表示撤回中仅考虑保护意思表示行为人对其意思表示的自由处分权利存在较大区别。考虑到意思表示生效后，已经对行为人产生了法律约束力，能否撤销，要平衡行为人和相对人的利益，不宜泛泛规定行为人可以撤销意思表示。

第一百四十二条　【意思表示的解释】有相对人的意思表示的解释，应当按照所使用的词句，结合相关条款、行为的性质和目的、习惯以及诚信原则，确定意思表示的含义。

无相对人的意思表示的解释，不能完全拘泥于所使用的词句，而应当结合相关条款、行为的性质和目的、习惯以及诚信原则，确定行为人的真实意思。

条文注释

意思表示的解释，就是指因意思表示不清楚或者不明确发生争议时，由人民法院或者仲裁机构对意思表示进行的解释。意思表示的解释具有以下特征：(1)意思表示解释的对象是当事人已经表示出来的、确定的意思，而非深藏于当事人内心的意思。(2)这里的意思表示解释主体是人民法院或者仲裁机构，并不是任何机构或者个人都可以对意思表示作出有权解释。(3)人民法院或者仲裁机构对意思表示的解释不是任意的主观解释，而是必须遵循一定的规则进行解释，这些规则就是解释意思表示的方法。

意思表示的解释分为有相对人的意思表示解释和无相对人的意思表示解释两种形式。有相对人的意思表示，是指对表意人向相对人发出的意思表示进行的解释。无相对人的意思表示解释就是对不需要相对人的意思表示进行的解释，如对遗嘱、悬赏广告等意思表示的解释。

根据本条第1款的规定，对有相对人的意思表示的解释，应当遵循以下规则：

(1)要按照意思表示所使用的词句进行解释。法理上，这种解释方法又被称为文义解释。对词句的解释应当按照一个合理人通常的理解来进行。对于何为“合理人”应当结合具体情况来判断，如果是一般的民事活动，则“合理人”就是社会一般的人；如果是某种特殊交易，则“合理人”就是该领域内的人。

(2)如果按通常的理解对有相对人的意思表示所使用的词句进行解释比较困难或者不合理的，则应当结合相关条款、行为的性质和目的、习惯以及诚信原则，确定意思表示的含义。

本条第2款对无相对人的意思表示的解释规则作了规定。根据本款规定，无相对人的意思表示的解释，不能完全拘泥于所使用的词句，而应当结合相关条款、行为的性质和目的、习惯以及诚信原则，确定行为人的真实意思。与有相对人的意思表示解释规则相比，无相对人的意思表示解释规则最大的不同就是，无相对人的意思表示无相对人，因此对这种意思表示的解释就主要探究表意人的内心真实意思，对客观情况考虑较少。

第三节　民事法律行为的效力

第一百四十三条　【民事法律行为有效的条件】具备下列条件的民事法律行为有效：

（一）行为人具有相应的民事行为能力；

（二）意思表示真实；

（三）不违反法律、行政法规的强制性规定，不违背公序良俗。

条文注释

民事法律行为效力的有效发生，是当事人实现意思自治目的的关键。根据本条规定，民事法律行为应当具备的有效条件包括：

(1)行为人具有相应的民事行为能力。这里的“相应”，强调行为人所实施的民事法律行为应当与其行为能力相匹配：对于完全民事行为能力人而言，可以从事一切民事法律行为，其行为能力不受限制；对于限制行为能力人而言，只能实施与其年龄、智力、精神健康状况等相适应的民事法律行为,实施其他行为需要经过法定代理人的同意或者追认;而无行为能力人由于不具备行为能力,其实施的民事法律行为是无效的。

(2)意思表示真实。应当注意,此处的真实应作扩大解释,实际上还包含了传统民法理论意思表示自由的含义。在意思表示不真实的情况下,民事法律行为不能具备完全有效的效力。

(3)不违反法律、行政法规的强制性规定,不违背公序良俗。

第一百四十四条 【无民事行为能力人实施的民事法律行为的效力】无民事行为能力人实施的民事法律行为无效。

条文注释

无民事行为能力人,包括不满8周岁的未成年人以及不能辨认自己行为的成年人。无民事行为能力人由其法定代理人代理实施民事法律行为。

无民事行为能力人尽管在民事权利能力方面同其他民事主体一律平等,但由于其不具备自己实施民事行为的能力,因此在法律上规定由其法定代理人代理其实施民事法律行为,而将其自身实施的民事法律行为一律规定为无效。

第一百四十五条 【限制民事行为能力人实施的民事法律行为的效力】限制民事行为能力人实施的纯获利益的民事法律行为或者与其年龄、智力、精神健康状况相适应的民事法律行为有效;实施的其他民事法律行为经法定代理人同意或者追认后有效。

相对人可以催告法定代理人自收到通知之日起三十日内予以追认。法定代理人未作表示的,视为拒绝追认。民事法律行为被追认前,善意相对人有撤销的权利。撤销应当以通知的方式作出。

条文注释

本条第1款是关于限制民事行为能力人从事的民事法律行为效力的规定,具体包括两层含义:

(1)原则上,限制民事行为能力人所从事的民事法律行为,须经法定代理人同意或者追认才能有效。这里对法定代理人补正限制民事行为能力人的行为能力规定了两种方式:一种是同意;另一种是追认。无论是事先的同意还是事后的追认,都是法定代理人的单方意思表示,无须行为相对人的同意即可发生效力。需要说明的是,法定代理人对限制民事行为能力人行为的同意或者追认应当采用明示的方式作出,同时应当为行为相对人所知晓才能发生效力。

(2)考虑到限制民事行为能力人并非完全没有民事行为能力,因此除原则上规定其行为须经法定代理人同意或者追认有效之外,本条还规定了部分民事法律行为无须经法定代理人同意或者追认即可有效。这些行为主要包括两类:一是纯获利益的民事法律行为,如限制民事行为能力人接受赠与、奖励、报酬等。二是与限制民事行为能力人的年龄、智力、精神健康状态相适应的民事法律行为,这些民事法律行为多与日常生活相关,如对于8周岁以上的未成年人购买价值不高的学习用品等;对于不能完全辨认自己行为的精神病人,在其健康状况允许时,可以实施某些民事法律行为,而不经其法定代理人追认。

本条第2款是对法定代理人追认的有关规定。根据本款规定,限制民事行为能力人实施民事法律行为后,与其从事民事法律行为的相对人可以催告限制民事行为能力人的法定代理人在30日内予以追认。法定代理人未作表示的,视为拒绝追认。限制民事行为能力人在其行为能力范围之外实施的民事法律行为属于效力待定,此种效力不确定的状态不应一直持续。在相对人催告法定代理人对行为是否予以追认的期间内,如果法定代理人不对此作出表示,此时应视为其拒绝追认,因此该行为不发生效力。需要说明的是,相对人的催告应当以明示方式作出,期间也应从法定代理人收到通知之日起算。本条确定的期间为30日,法定代理人超过30日未作表示的,视为拒绝追认。

本条第2款除规定相对人的催告权外,还规定了善意相对人的撤销权,即民事法律行为被追认前,善意相对人有撤销的权利。撤销权的行使应注意以下几点:(1)相对人撤销权的行使须在法定代理人追认之前,法定代理人一经追认,相对人不得再行使这一权利。

(2)仅善意相对人可行使撤销权。所谓善意,是指相对人实施民事法律行为时并不知晓对方为限制民事行为能力人,且此种不知晓不构成重大过失。(3)相对人行使撤销权时,应当通过通知的方式作出,这种通知必须是明示的、明确的,不得通过默示的方式。

关联法规

《最高人民法院关于适用〈中华人民共和国民法典〉总则编若干问题的解释》第29条

第一百四十六条　【虚伪表示与隐藏行为的效力】行为人与相对人以虚假的意思表示实施的民事法律行为无效。

以虚假的意思表示隐藏的民事法律行为的效力,依照有关法律规定处理。

条文注释

虚伪表示,是指行为人与相对人都知道自己所表示的意思并非真意,通谋作出与真意不一致的意思表示。行为人与相对人以虚假的意思表示实施的民事法律行为无效。

隐藏行为,又称隐匿行为,是指在虚伪表示掩盖之下行为人与相对人真心所欲达成的民事法律行为。根据虚伪表示与隐藏行为的对应关系,有虚伪表示,未必存在隐藏行为;但有隐藏行为,则一定存在虚伪表示。前者如以逃避债务为目的的假赠与,赠与行为是通过虚伪表示而实施的行为,但并不存在隐藏行为;后者如名为赠与实为买卖,赠与行为是通过虚伪表示实施的行为,而买卖则是掩盖在虚伪表示之下的隐藏行为。当同时存在虚伪表示与隐藏行为时,虚伪表示无效,隐藏行为并不因此无效,其效力如何,应当依据有关法律规定处理。具体来说,如果这种隐藏行为本身符合该行为的生效要件,就可以生效。

第一百四十七条　【基于重大误解实施的民事法律行为的效力】基于重大误解实施的民事法律行为,行为人有权请求人民法院或者仲裁机构予以撤销。

条文注释

认定重大误解需满足以下几个条件:(1)行为人主观上存在错误认识,这种错误可以是关于行为的性质,也可以是关于行为的相对人、交易标的的质量、数量等;(2)行为的结果与行为人的意思相悖;(3)行为人的错误认识与行为后果之间存在因果关系,即如果没有这种错误认识,将不会产生该行为后果;(4)行为人在客观上遭受了较大损失,如果没有损失或者损失较小,也不能构成重大误解。基于重大误解实施的民事法律行为,行为人有权请求人民法院或者仲裁机构予以撤销。

关联法规

《最高人民法院关于审理劳动争议案件适用法律问题的解释(一)》第35条;《最高人民法院关于适用〈中华人民共和国民法典〉总则编若干问题的解释》第19条

第一百四十八条　【以欺诈手段实施的民事法律行为的效力】一方以欺诈手段,使对方在违背真实意思的情况下实施的民事法律行为,受欺诈方有权请求人民法院或者仲裁机构予以撤销。

条文注释

欺诈的构成要件一般包括以下四项:(1)行为人须有欺诈的故意。这种故意既包括使对方陷入错误判断的故意,也包括诱使对方基于此错误判断而作出意思表示的故意。(2)行为人须有欺诈的行为。这种行为既可以是故意虚构虚假事实,也可以是故意隐瞒应当告知的真实情况等。(3)受欺诈人因行为人的欺诈行为陷入错误判断,即欺诈行为与错误判断之间存在因果关系。(4)受欺诈人基于错误判断作出意思表示。

理解本条时需注意以下几点内容:(1)欺诈系由民事法律行为的一方当事人实施,而相对人因此欺诈行为陷入错误判断,并进而作出了意思表示。(2)欺诈的构成并不需要受欺诈人客观上遭受损害后果的事实,只要受欺诈人因欺诈行为作出了实施民事法律行为的意思表示,即可成立欺诈。(3)欺诈的法律后果为可撤销,享有撤销权的是受欺诈人。

关联法规

《最高人民法院关于适用〈中华人民共和国民法典〉总则编若干问题的解释》第21条

第一百四十九条　【第三人欺诈的民事法律行为的效力】第三人实施欺诈行为，使一方在违背真实意思的情况下实施的民事法律行为，对方知道或者应当知道该欺诈行为的，受欺诈方有权请求人民法院或者仲裁机构予以撤销。

条文注释

民法中的欺诈，一般是指行为人故意欺骗他人，使对方陷入错误判断，并基于此错误判断作出意思表示的行为。

本条针对第三人欺诈的行为作了规定，主要内容包括：(1)当事人以外的第三人对一方当事人实施了欺诈行为，并致使该当事人陷入错误判断且据此作出了意思表示；(2)受欺诈人享有对民事法律行为的撤销权，但该撤销权行使须满足一定条件；(3)撤销权的行使仍须通过人民法院或者仲裁机构行使。

关联法规

《最高人民法院关于适用〈中华人民共和国民法典〉总则编若干问题的解释》第21条

第一百五十条　【以胁迫手段实施的民事法律行为的效力】一方或者第三人以胁迫手段，使对方在违背真实意思的情况下实施的民事法律行为，受胁迫方有权请求人民法院或者仲裁机构予以撤销。

条文注释

胁迫，是指行为人通过威胁、恐吓等不法手段对他人思想上施加强制，由此使他人产生恐惧心理并基于恐惧心理作出意思表示的行为。

胁迫的构成要件一般应当包括:(1)胁迫人主观上有胁迫的故意,即故意实施胁迫行为使他人陷入恐惧以及基于此恐惧心理作出意思表示;(2)胁迫人客观上实施了胁迫的行为,即以将要实施某种加害行为威胁受胁迫人,以此使受胁迫人产生心理恐惧;(3)胁迫须具有不法性,包括手段或者目的的不法性,反之则不成立胁迫;(4)受胁迫人基于胁迫产生的恐惧心理作出意思表示。

关联法规

《最高人民法院关于适用〈中华人民共和国民法典〉总则编若干问题的解释》第22条

第一百五十一条　【显失公平的民事法律行为的效力】一方利用对方处于危困状态、缺乏判断能力等情形,致使民事法律行为成立时显失公平的,受损害方有权请求人民法院或者仲裁机构予以撤销。

条文注释

成立显失公平须包括两项要件:(1)主观上民事法律行为的一方当事人利用了对方处于危困状态、缺乏判断能力等情形。危困状态,一般指因陷入某种暂时性的急迫困境而对于金钱、物的需求极为迫切等。缺乏判断能力,是指缺少基于理性考虑而实施民事法律行为或对民事法律行为的后果予以评估的能力。(2)客观上民事法律行为成立时显失公平。此处的显失公平是指双方当事人在民事法律行为中的权利义务明显失衡、显著不相称。至于"失衡""不相称"的具体标准,则需要结合民事法律行为的具体情形加以判断。

关联法规

《最高人民法院关于审理劳动争议案件适用法律问题的解释(一)》第35条

第一百五十二条　【撤销权的消灭】有下列情形之一的，撤销权消灭：

（一）当事人自知道或者应当知道撤销事由之日起一年内、重大误解的当事人自知道或者应当知道撤销事由之日起九十日内没有行使撤销权；

（二）当事人受胁迫，自胁迫行为终止之日起一年内没有行使撤销权；

（三）当事人知道撤销事由后明确表示或者以自己的行为表明放弃撤销权。

当事人自民事法律行为发生之日起五年内没有行使撤销权的，撤销权消灭。

条文注释

民事法律行为因不同事由被撤销的，其撤销权应当在一定期间内行使。这一点是由撤销权的性质所决定的。在民法理论上，撤销权属于形成权，行为人可以通过自己的行为直接行使权利，实现权利目的。但是，撤销权的行使将使可撤销的民事法律行为效力终局性地归于无效，这将对相对人的利益产生重大影响，因此，享有撤销权的权利人必须在一定期间内决定是否行使这一权利，从而保护相对人的利益，维护交易安全。这一期间被称为除斥期间，除斥期间经过，撤销权终局性地归于消灭，可撤销的民事法律行为自此成为完全有效的民事法律行为。

第一百五十三条　【违反强制性规定及违背公序良俗的民事法律行为的效力】违反法律、行政法规的强制性规定的民事法律行为无效。但是，该强制性规定不导致该民事法律行为无效的除外。

违背公序良俗的民事法律行为无效。

条文注释

本法第 143 条规定了民事法律行为的有效要件。其中，根据该条第 3 项规定，民事法律行为不得违反法律、行政法规的强制性规定，不得违背公序良俗。从立法技术和逻辑来看，应当同时从反面规定违反法律、行政法规以及违背公序良俗的民事法律行为的法律后果。

在理解本条第1款时，应注意民事法律行为违反强制性规定无效有一种例外，即当该强制性规定本身并不导致民事法律行为无效时，民事法律行为并不无效。这里实际上涉及对具体强制性规定的性质判断问题。某些强制性规定尽管要求民事主体不得违反，但其并不导致民事法律行为无效。

本条第2款规定，违背公序良俗的民事法律行为无效。公序良俗是公共秩序和善良习俗的简称，属于不确定概念。主要包括但不限于：（1）危害国家政治、经济、财政、税收、金融、治安等秩序类型；（2）危害家庭关系行为类型；（3）违反性道德行为类型；（4）违反人权和人格尊重行为类型；（5）限制经济自由行为类型；（6）违反公平竞争行为类型；（7）违反消费者保护行为类型；（8）违反劳动者保护行为类型等。同强制性规定一样，公序良俗也体现了国家对民事领域意思自治的一种限制。

第一百五十四条　【恶意串通的民事法律行为的效力】行为人与相对人恶意串通，损害他人合法权益的民事法律行为无效。

条文注释

恶意串通，是指行为人与相对人互相勾结，为牟取私利而实施的损害他人合法权益的民事法律行为。恶意串通的民事法律行为在主观上要求双方有互相串通、为满足私利而损害他人合法权益的目的，客观上表现为实施了一定形式的行为来达到这一目的。尽管民法的基本原则中包含自愿原则，即当事人可以按照自己的意思设立、变更、终止民事法律关系，但民事主体却不得滥用民事权利损害国家利益、社会公共利益或者他人合法权益。

关联法规

《拍卖法》第65条

第一百五十五条 【无效、被撤销的民事法律行为自始无效】无效的或者被撤销的民事法律行为自始没有法律约束力。

条文注释

民事法律行为的效力形态包括多种,如有效、无效、可撤销、效力待定等。对于无效和被撤销的民事法律行为来说,必然涉及其行为效力的问题。民事法律行为无效或者被撤销后,效力自然对将来不再发生。无效或者被撤销的民事法律行为自始没有法律约束力。自始无效意味着,民事法律行为一旦无效或者被撤销后,双方的权利义务状态应当恢复到这一行为实施之前的状态,已经履行的,应当恢复原状。

需要注意的是,无效的民事法律行为除自始无效外,还应当是当然无效、绝对无效。当然无效,是指只要民事法律行为具备无效条件,其便当然产生无效的法律后果,无须经过特定程序的确认才无效;绝对无效,是指这种民事法律行为的无效是绝对而非相对的,对包括当事人在内的其他任何人而言均是无效的。

第一百五十六条 【民事法律行为部分无效】民事法律行为部分无效,不影响其他部分效力的,其他部分仍然有效。

条文注释

民事法律行为的无效事由既可以导致其全部无效,也可以导致部分无效。在部分无效时,如果不影响其他部分的效力,其他部分仍可有效。这意味着,只有在民事法律行为的内容效力可分且相互不影响的情况下,部分无效才不会导致其他部分同时无效。反之,当部分无效的民事法律行为会影响其他部分效力的,其他部分也应无效。

本条所规定的"民事法律行为部分无效,不影响其他部分效力"的情形,主要包括以下几种:(1)民事法律行为的标的数量超过国家法律许可的范;(2)民事法律行为的标的可分,其中一项或数项无效;(3)民事法律行为的非根本性条款因违法或违背公序良俗而无效。

本条在民事法律行为无效部分与其他部分效力可分的情况下,

规定部分无效在不影响其他部分效力的情况下,其他部分仍然有效。这实际上体现了民法尽可能尊重双方意思自治、承认民事法律行为效力的原则。当然,如果无效部分属于整体民事法律行为成立生效的必要条款,或者无效部分事实上与其他部分不可分割,那么这种部分无效当然会同时导致其他部分的无效,进而影响整体的行为效力。

第一百五十七条 【民事法律行为无效、被撤销或确定不发生效力的法律后果】民事法律行为无效、被撤销或者确定不发生效力后,行为人因该行为取得的财产,应当予以返还;不能返还或者没有必要返还的,应当折价补偿。有过错的一方应当赔偿对方由此所受到的损失;各方都有过错的,应当各自承担相应的责任。法律另有规定的,依照其规定。

条文注释

民事法律行为无效、被撤销以及确定不发生效力后,由于其法律效果相当于这一行为未曾实施,因此,需要恢复至各方当事人在民事法律行为实施前的状态。已经履行或者部分履行的,各方需要承担相应的法律后果。本条规定了民事法律行为无效、被撤销以及确定不发生效力的如下几种法律后果:

(1)返还财产。这是指民事法律行为被确认无效、被撤销或者确定不发生效力后,行为人因民事法律行为所取得的财产应当予以返还,相对人亦享有对已交付财产的返还请求权。

(2)折价补偿。对于不能返还财产,或者没有必要返还的,应当折价补偿。民事法律行为无效、被撤销或者确定不发生效力后,返还财产应当作为恢复原状的原则做法。但是,在某些情况下,返还财产并不具备现实条件或者没有必要,此时应当通过折价补偿的方式来达到使财产关系恢复原状的目的。主要包括:一是财产不能返还,包括法律上的不能返还和事实上的不能返还。法律上的不能返还,主要是指财产被善意第三人取得,该财产又是不可替代的。民事法律行为虽事后被确认无效、被撤销或者确定不发生效力,当事人也不能实际返还财产,只能依当时市价折价补偿给对方当事人。事实上的不能返还，主要是指因标的物已经灭失，造成客观上无法返还，原物又是不可替代物。此时，取得该财产的当事人应当依据原物的市价进行折价补偿。二是没有必要返还财产的，主要包括以下两种情况：一种是如果当事人接受的财产是劳务或者利益，在性质上不能恢复原状，应以国家规定的价格计算，以金钱返还；没有国家规定的，按照市价或者同类劳务的报酬标准计算返还。另一种是如果一方当事人是通过使用对方的知识产权获得的利益，因知识产权属于无形财产，此时应折价补偿对方当事人。

（3）赔偿损失。根据本条规定，有过错的一方应当赔偿对方由此所受到的损失；各方都有过错的，应当各自承担相应的责任。民事法律行为无效、被撤销以及确定不发生效力后，一般而言都存在损失赔偿的问题。如果因无效、被撤销以及确定不发生效力而给对方造成损失，主观上有故意或者过失的当事人应当赔偿对方的损失；双方都有过错的，应当各自承担相应的赔偿责任。需要指出的是，这里规定的损失赔偿是一种过错责任，行为人只有主观上对民事法律行为无效、被撤销以及确定不发生效力的情形存在过错时才予以承担。

关联法规

《最高人民法院关于适用〈中华人民共和国民法典〉总则编若干问题的解释》第 23 条

第四节　民事法律行为的附条件和附期限

第一百五十八条　【附条件的民事法律行为】民事法律行为可以附条件，但是根据其性质不得附条件的除外。附生效条件的民事法律行为，自条件成就时生效。附解除条件的民事法律行为，自条件成就时失效。

条文注释

民事法律行为中所附条件，是指当事人以未来客观上不确定发生的事实,作为民事法律行为效力的附款。

以所附条件决定民事法律行为效力发生或消灭为标准,条件可以分为生效条件和解除条件。生效条件,是指使民事法律行为效力发生或者不发生的条件。生效条件具备之前,民事法律行为虽已成立但未生效,其效力是否发生处于不确定状态。条件具备,民事法律行为生效;条件不具备,民事法律行为就不生效。解除条件,又称消灭条件,是指对已经生效的民事法律行为,当条件具备时,该民事法律行为失效;如果该条件确定不具备,则该民事法律行为将继续有效。

在附条件的民事法律行为中,所附条件的出现与否将直接决定民事法律行为的效力状态。附生效条件的民事法律行为,自条件成就时生效。附解除条件的民事法律行为,自条件成就时失效。需要特别指出的是,附条件的民事法律行为虽然在所附条件出现时才生效或失效,但在条件尚未具备时,民事法律行为对于当事人仍然具有法律约束力,当事人不得随意变更或者撤销。

民事法律行为以可以附条件为原则,这是意思自治原则的体现,但对于某些行为而言,则依其性质不得附条件。这主要是指某些民事法律行为的性质要求其应当即时、确定地发生效力,不允许效力处于不确定状态,因此不得附条件。例如,票据行为,为保障其流通性,不得附条件;撤销权、解除权等形成权的行使,本身就是为了使不确定的法律关系尽快确定,如果允许其附条件,会使本不确定的法律关系更加不确定,因此不得附条件。

关联法规

《最高人民法院关于适用〈中华人民共和国民法典〉总则编若干问题的解释》第24条

第一百五十九条 【条件成就和不成就的拟制】附条件的民事法律行为,当事人为自己的利益不正当地阻止条件成就的,视为条件已经成就;不正当地促成条件成就的,视为条件不成就。

条文注释

对于附生效条件的民事法律行为来说,条件成就,民事法律行为就开始生效；条件不成就，民事法律行为就确定不发生效力。对附解除条件的民事法律行为来说，条件成就，民事法律行为就失效，反之民事法律行为继续有效。尽管民事法律行为成立时，当事人可以对于民事法律行为的效力共同约定附条件，但自此之后，当事人却有可能从自己的利益出发，不正当地促成或者阻止条件成就，以达到对自己有利的结果。在附条件的民事法律行为中，无论是生效条件还是解除条件，条件的成就与否都具有或然性。这种或然性恰恰体现了民事法律行为当事人的意思自治，应当予以尊重。当一方当事人为了自己的利益通过不正当手段人为促成或者阻止条件成就时，不仅对意思自治原则造成了侵害，更有可能损害对方当事人的利益，因此法律应当予以规范。

第一百六十条　【附期限的民事法律行为】民事法律行为可以附期限，但是根据其性质不得附期限的除外。附生效期限的民事法律行为，自期限届至时生效。附终止期限的民事法律行为，自期限届满时失效。

条文注释

民事法律行为所附期限具有以下特点：(1)条件的发生与否属于不确定的事实，但期限的到来则是确定发生的事实；(2)附期限的民事法律行为体现了当事人对民事法律行为生效或失效的期限约定，所附期限属于民事法律行为的附属意思表示，体现了双方的意思自治；(3)期限的到来是必然确定的，但到来的具体时日却未必十分确定。

根据所附期限决定民事法律行为的生效或失效，期限可以分为生效期限和终止期限。生效期限，是指决定民事法律行为效力发生的期限。期限届至，民事法律行为生效；期限届至前，民事法律行为虽已成立但并未生效。终止期限，是指决定民事法律行为效力消灭的期限。期限届至，民事法律行为失效；期限届至前，民事法律行为始终有效。

第七章 代 理

第一节 一般规定

第一百六十一条 【代理的适用范围】民事主体可以通过代理人实施民事法律行为。

依照法律规定、当事人约定或者民事法律行为的性质,应当由本人亲自实施的民事法律行为,不得代理。

条文注释

代理的适用范围原则上限于民事法律行为。但一般认为,一些与合同密切相关的准民事法律行为、事实行为和程序行为,如要约邀请、要约撤回、订约时样品的交付和受领、办理合同公证等,也允许代理。

不是所有民事法律行为都允许代理。下列三类民事法律行为不得代理:(1)依照法律规定应当由本人亲自实施的民事法律行为。例如,本法婚姻家庭编第1049条规定,要求结婚的男女双方应当亲自到婚姻登记机关申请结婚登记。(2)依照当事人约定应当由本人亲自实施的民事法律行为。当事人双方基于某种原因,约定某一民事法律行为必须由本人亲自实施的,当事人自然应当遵守这一约定,不得通过代理人实施该民事法律行为。(3)依照民事法律行为的性质,应当由本人亲自实施的民事法律行为。这主要是指具有人身性质的身份行为,如结婚、离婚、收养、遗嘱、遗赠等。

第一百六十二条 【代理的效力】代理人在代理权限内,以被代理人名义实施的民事法律行为,对被代理人发生效力。

条文注释

"对被代理人发生效力",是指民事法律行为产生的法律效果归属于被代理人,即代理人实施的民事法律行为所设立、变更、终止民事法律关系的一切结果都归属于被代理人。一方面,代理的民事法律行为有效时,形成的权利义务应当由被代理人承受;另一方面,代理的民事法律行为无效时,引起的赔偿损失等民事责任也应当由被代理人承担。

但代理人实施的民事法律行为并不都能发生代理的效力,根据本条规定,代理行为发生代理效力必须符合下列两个条件:

(1)代理人在代理权限内实施民事法律行为。代理人超越代理权限实施民事法律行为的,除符合本法第172条规定的表见代理的构成要件外,为无权代理,须经被代理人追认才能对被代理人产生效力。

(2)代理人必须以被代理人的名义实施民事法律行为。代理人在实施民事法律行为时,必须以被代理人的名义进行,即明确向相对人表明是替被代理人来实施该民事法律行为。

第一百六十三条　【代理的类型】代理包括委托代理和法定代理。

委托代理人按照被代理人的委托行使代理权。法定代理人依照法律的规定行使代理权。

条文注释

根据代理权产生依据的不同,代理可以分为委托代理和法定代理。

(1)委托代理是代理的主要类型。需要注意的是委托代理与委托合同的差异。首先,委托合同所生的委托关系是委托代理的基础法律关系,但除委托合同外,基于劳动合同等也能产生委托代理,有的情况下甚至只有单纯的授权行为而无基础关系也能产生委托代理。其次,委托关系并不一定产生代理权。当事人之间可能仅存在委托合同而并无委托代理关系。

(2)法定代理是依照法律的规定来行使代理权的代理。法定代理人的代理权来自法律的直接规定,无须被代理人的授权,也只有在符合法律规定条件的情况下才能取消代理人的代理权。

法定代理人的类型主要有:(1)监护人;(2)失踪人的财产代管人;(3)清算组。

第一百六十四条 【代理人不当行为的法律后果】代理人不履行或者不完全履行职责,造成被代理人损害的,应当承担民事责任。

代理人和相对人恶意串通,损害被代理人合法权益的,代理人和相对人应当承担连带责任。

条文注释

本条第1款是关于代理人不当履行职责的民事责任的规定。代理人行使代理权完全是为了被代理人的利益,应当在代理权限内忠实履行代理职责,如果不履行或者不完全履行代理职责,造成被代理人的损害的,应当承担民事责任。主要分为以下两种情况:

(1)委托代理时,被代理人对于代理事项、权限和期间等一般都有明确授权,代理人首先应当根据被代理人的授权来行使代理权,在授权范围内认真维护被代理人的合法权益,想方设法地完成代理事项。有时,被代理人授予代理权的范围规定得并不非常具体明确,代理人就应当根据诚信原则来从事代理行为。法律为了保护被代理人的合法权益,还对一些滥用代理权的行为作了明确规制,代理人应当根据这些法律规定来行使代理权。代理人越权行使代理权或者违反相关法律规定行使代理权,都属于不履行或者不完全履行代理职责,造成被代理人损害的,应当承担民事责任。

(2)法定代理时,法律会对代理人的权限及相关职责作明确规定,代理人必须根据法律规定来行使代理权。如监护人作为法定代理人时的职责,其监护人应当按照最有利于被监护人的原则履行监护职责。

本条第2款是关于代理人和相对人恶意串通的民事责任的规定。代理人和相对人恶意串通,损害被代理人合法权益时,代理人的行为属于本条第1款规制的范围,应当承担民事责任,但此时相对人也应承担责任。法律严格禁止这类损害被代理人利益的行为,据此,本款规定,代理人和相对人应当承担连带责任。根据本款规定,代理人和相对人承担连带责任的前提是恶意串通。恶意，是指双方都明知或者应知其实施的行为会造成被代理人合法权益的损害还故意为之。串通，是指双方在主观上有共同的意思联络。此处的恶意串通就是双方串通在一起，共同实施某种行为来损害被代理人的合法权益。如果双方当事人或者一方当事人不知且不应知其行为的损害后果，就不构成恶意串通，不能适用本款规定，应当根据各自的行为来承担相应的民事责任。

第二节 委托代理

第一百六十五条 【授权委托书】委托代理授权采用书面形式的，授权委托书应当载明代理人的姓名或者名称、代理事项、权限和期限，并由被代理人签名或者盖章。

条文注释

委托代理，是指按照代理人的委托来行使代理权的代理。此时，代理人行使的代理权称为委托代理权，是基于被代理人的意思而产生的。被代理人授予代理人委托代理权的行为，称为授权行为。

根据本法第135条的规定，在法律、行政法规没有特别规定或者当事人没有约定的情况下，委托代理授权可以采取书面形式、口头形式或者其他形式中的任何一种。其中，书面形式是最主要的一种授权形式，称为授权委托书。

第一百六十六条 【共同代理】数人为同一代理事项的代理人的，应当共同行使代理权，但是当事人另有约定的除外。

条文注释

共同代理，是指数个代理人共同行使一项代理权的代理。共同代理有如下几个特征：(1)有数个代理人。如果只有一个代理人，属于单独代理，而不是共同代理。(2)只有一个代理权。如果数个代理人有数个代理权，属于集合代理，而不是共同代理。(3)共同行使代理权。共同行使，是指只有经过全体代理人的共同同意才能行使代理权，即数人应当共同实施代理行为，享有共同的权利义务。任何一个代理人单独行使代理权，均属于无权代理。如果数个代理人对同一个代理权可以单独行使，也属于单独代理，而不是共同代理。

关联法规

《最高人民法院关于适用〈中华人民共和国民法典〉总则编若干问题的解释》第25条

第一百六十七条 【违法代理及其法律后果】代理人知道或者应当知道代理事项违法仍然实施代理行为，或者被代理人知道或者应当知道代理人的代理行为违法未作反对表示的，被代理人和代理人应当承担连带责任。

条文注释

代理违法造成第三人损害的，应当承担民事责任，但由被代理人承担还是代理人承担应当区分不同情形加以确定：

(1)代理事项违法，但代理人不知道或者不应当知道该代理事项违法，此时应由被代理人承担民事责任。

(2)代理事项违法，代理人知道或者应当知道该代理事项违法仍然实施了代理行为，此时代理人与被代理人应当承担连带责任。

(3)代理事项不违法，但代理人实施了违法的代理行为，被代理人不知道或者不应当知道该行为违法，或者知道后表示反对的，此时应由代理人承担民事责任。

(4)代理事项不违法，但代理人实施了违法的代理行为，被代理人知道或者应当知道该行为违法未作反对表示的，此时被代理人应与代理人承担连带责任。

第一百六十八条　【禁止自己代理和双方代理及例外】代理人不得以被代理人的名义与自己实施民事法律行为，但是被代理人同意或者追认的除外。

代理人不得以被代理人的名义与自己同时代理的其他人实施民事法律行为，但是被代理的双方同意或者追认的除外。

条文注释

自己代理，是指代理人以被代理人的名义与自己实施民事法律行为。实践中，自己代理主要有两种情况：(1)代理人以自己的名义向被代理人发出要约且代理人以被代理人的名义予以承诺；(2)代理人以被代理人的名义向自己发出要约且以自己的名义予以承诺。

双方代理，是指代理人同时代理被代理人和相对人实施同一民事法律行为。构成双方代理，必须符合两个条件：(1)代理人必须既获得被代理人的委托代理授权，又获得相对人的委托代理授权。(2)代理人同时代理的双方为同一民事法律行为的当事人。

在自己代理的情形，代理人自己的利益可能会与被代理人的利益发生冲突，代理人往往更会注重自己的利益，从而损害被代理人的利益。在双方代理的情形，一个民事法律行为的双方当事人利益难免冲突，不免会厚此薄彼，很容易损害其中一方当事人的利益。

法律规定了禁止自己代理和双方代理，同时均规定了例外情况：(1)如果被代理人事先同意的，或者被代理人虽然没有事先同意，但事后经权衡后，追认了代理人的自己代理行为，法律自然要尊重被代理人的选择，认可自己代理行为的效力；(2)如果这两方都觉得没有损害其利益或者愿意承受这种不利益，法律也没有必要强行干预。

第一百六十九条　【复代理】代理人需要转委托第三人代理的，应当取得被代理人的同意或者追认。

转委托代理经被代理人同意或者追认的，被代理人可以就代理事务直接指示转委托的第三人，代理人仅就第三人的选任以及对第三人的指示承担责任。

转委托代理未经被代理人同意或者追认的，代理人应当对转委托的第三人的行为承担责任；但是，在紧急情况下代理人为了维护被代理人的利益需要转委托第三人代理的除外。

条文注释

复代理，又称再代理、转代理或者次代理，是指代理人为了实施其代理权限内的行为，以自己的名义为被代理人选任代理人的代理。与复代理相对的是本代理，或者称原代理，是指被代理人直接选任代理人而成立的代理。在复代理关系中，存在原代理人和复代理人两个代理人，存在原代理人对被代理人的代理和复代理人对被代理人的代理两层代理。

复代理具有以下几个特征：(1)以本代理的存在为前提；(2)复代理人是原代理人以自己的名义选任的代理人；(3)复代理人行使的代理权是原代理人的代理权，但原代理人的代理权并不因此丧失；(4)复代理人是被代理人的代理人，而不是代理人的代理人。

本条明确只有在两种情况下才允许复代理：(1)被代理人允许。被代理人的允许，包括事先同意和事后追认。(2)出现紧急情况。

本条还规定了复代理的法律效果，具体如下：

(1)对于被代理人和复代理人而言，一方面，代理人经被代理人同意、追认或者紧急情况下选任了复代理人，复代理人就成为被代理人的代理人，可以被代理人的名义实施民事法律行为，该民事法律行为直接对被代理人发生效力。另一方面，复代理人是被代理人的代理人，被代理人就代理事务可以越过原代理人直接指示复代理人，复代理人应当按照被代理人的指示实施民事法律行为。

(2)对于原代理人和复代理人而言，原代理人以自己的名义选任了复代理人，其可以基于自己的判断指示复代理人实施民事法律行为，即复代理人需要接受被代理人和原代理人的双重指示。当然，在被代理人和原代理人的指示不一致时，复代理人应当优先按照被代理人的指示来实施民事法律行为。

(3)对于被代理人和原代理人而言，原代理人选任了复代理人后，复代理人所实施的民事法律行为的效力直接对被代理人发生，如果出现问题造成被代理人损害的，原则上原代理人不再承担任何责任。但根据本条第2款规定，在两种情况下原代理人仍然需要承担责任：一是原代理人在选任复代理人时存在过错，比如，明知复代理人的品德或者能力难以胜任代理工作仍然选任其担任复代理人的；二是复代理人的行为是根据原代理人的指示来实施的。这两种情况下，原代理人也需要对被代理人承担责任。

(4)还有一个问题需要注意：根据本条第3款的规定，在原代理人未经被代理人同意或者追认而选任复代理人时，复代理人实施的代理行为就构成无权代理，除非符合本法第172条规定的表见代理外，其行为对被代理人不发生效力，代理人应当对复代理人的行为承担责任。

关联法规

《最高人民法院关于适用〈中华人民共和国民法典〉总则编若干问题的解释》第26条

第一百七十条 【职务代理】执行法人或者非法人组织工作任务的人员，就其职权范围内的事项，以法人或者非法人组织的名义实施的民事法律行为，对法人或者非法人组织发生效力。

法人或者非法人组织对执行其工作任务的人员职权范围的限制，不得对抗善意相对人。

条文注释

职务代理，是指根据代理人所担任的职务而产生的代理，即执行法人或者非法人组织工作任务的人员，就其职权范围内的事项，以法人或者非法人组织的名义实施的民事法律行为，无须法人或者非法人组织的特别授权,对法人或者非法人组织发生效力。

职务代理与一般的委托代理相比有其特殊性,理解职务代理制度,应注意以下几点:

(1)被代理人须是法人或者非法人组织。如果被代理人是自然人,只能采用一般的委托代理。

(2)代理人须是执行法人或者非法人组织工作任务的人员。执行法人或者非法人组织工作任务的人员,既包括基于劳动、雇佣关系而产生的法人、非法人组织的工作人员,也包括其他执行法人或者非法人组织工作任务的人员。

(3)代理事项须是职权范围内的事项。法人或者非法人组织对执行其工作的人员都会规定一定的职权范围,有时是对社会公开的,相对人可以知悉,但有时相对人难以知道该职权的具体范围,只能依据公开信息或者交易习惯来判断。如果相对人是善意的,即对法人或者非法人组织对执行其工作任务的人员职权范围的限制,不知道也不应当知道,那么法律应当对这种合理信赖予以保护,以维护其合法权益。

第一百七十一条 【无权代理】行为人没有代理权、超越代理权或者代理权终止后,仍然实施代理行为,未经被代理人追认的,对被代理人不发生效力。

相对人可以催告被代理人自收到通知之日起三十日内予以追认。被代理人未作表示的,视为拒绝追认。行为人实施的行为被追认前,善意相对人有撤销的权利。撤销应当以通知的方式作出。

行为人实施的行为未被追认的,善意相对人有权请求行为人履行债务或者就其受到的损害请求行为人赔偿。但是,赔偿的范围不得超过被代理人追认时相对人所能获得的利益。

相对人知道或者应当知道行为人无权代理的,相对人和行为人按照各自的过错承担责任。

条文注释

1. 无权代理的类型

无权代理有以下三种类型:(1)没有代理权的无权代理,是指行为人根本没有得到被代理人的授权,就以被代理人名义从事的代理。(2)超越代理权的无权代理,是指行为人与被代理人之间有代理关系存在,行为人有一定的代理权,但其实施的代理行为超出了代理范围的代理。(3)代理权终止后的无权代理,是指行为人与被代理人之间原本有代理关系,法定情形的出现使代理权终止,但是行为人仍然从事的代理。法定情形主要指本法第173条规定的情形,包括代理期限届满、代理事务完成或者被代理人取消委托等。

2. 无权代理行为的效力

对于无权代理行为,被代理人可以追认该行为,使之确定地发生法律效力,也可以拒绝追认使之确定地不发生法律效力;善意相对人可以在被代理人追认前行使撤销权使之确定地不发生效力,如果相对人希望尽早确定其效力,可以催告被代理人予以追认。

3. 被代理人的追认权和拒绝权

无权代理发生后,被代理人有追认和拒绝的权利。这里的"追认",是指被代理人对无权代理行为事后予以承认的一种单方意思表示。被代理人的追认应当以明示的意思表示向相对人作出,如果仅向行为人作出意思表示,也必须使相对人知道后才能产生法律效果。追认必须在相对人催告期限尚未届满前以及善意相对人未行使撤销权前行使。一旦被代理人作出追认,无权代理就变成有权代理,行为人实施的民事法律行为就从成立时起对被代理人产生法律效力。

追认权是被代理人的一项权利,被代理人既有权作出追认,也可以拒绝追认。被代理人行使拒绝权有两种方式:(1)被代理人在知道无权代理行为后,明确地向相对人表示拒绝承认该无权代理行为;(2)被代理人在收到相对人催告的通知之日起30日内未作表示的,则视为拒绝追认。被代理人拒绝追认后,无权代理行为便确定无效,因无权代理而实施的民事法律行为就不能对被代理人产生法律效力,由此而产生的责任就应该由行为人自己承担。

4. 相对人的催告权和善意相对人的撤销权

催告权,是指相对人催促被代理人在一定期限内明确答复是否承认无权代理行为。催告权的行使一般需具备以下要件:(1)要求被代理人在30日内作出答复;(2)催告应当以通知的方式作出;(3)催告的意思必须是向被代理人作出。

撤销权,是指相对人在被代理人未追认无权代理行为之前,可撤回其对行为人所作的意思表示。相对人撤销权的行使必须满足以下条件:(1)必须在被代理人作出追认之前作出,如果被代理人已经对无权代理行为作出了追认,该民事法律行为就对被代理人产生了效力,相对人就不能再撤销其意思表示了;(2)相对人在行为人实施民事法律行为时必须是善意的,即相对人在作出意思表示时,并不知道对方是无权代理的;(3)撤销应当以通知的方式作出。

5. 行为人(无权代理人)的责任

行为人承担的责任基于相对人是否善意而有所区别:(1)相对人为善意时。行为人实施的无权代理行为未被被代理人追认时,允许相对人选择,或者让行为人直接承担行为后果,或者让行为人承担损害赔偿责任。需要注意的是,如果善意相对人要求行为人承担损害赔偿责任,赔偿的范围不得超过履行利益。(2)相对人为恶意时。相对人知道或者应当知道行为人无权代理的,相对人和行为人按照各自的过错承担责任。

关联法规

《最高人民法院关于适用〈中华人民共和国民法典〉总则编若干问题的解释》第25、27、29条

第一百七十二条　【表见代理】行为人没有代理权、超越代理权或者代理权终止后,仍然实施代理行为,相对人有理由相信行为人有代理权的,代理行为有效。

条文注释

表见代理,是指行为人无代理权而实施代理行为,如果相对人

有理由相信其有代理权,该代理行为有效。

构成表见代理需要满足以下两个条件:

(1)行为人没有获得被代理人的授权就以被代理人的名义与相对人实施民事法律行为。本条规定了没有代理权、超越代理权和代理权终止三种情形。

(2)相对人在主观上必须是善意、无过失的。善意,是指相对人不知道或者不应当知道行为人实际上是无权代理;无过失,是指相对人的这种不知道不是因为其大意造成的。如果相对人明知或者应知行为人没有代理权、超越代理权或者代理权已终止,而仍与行为人实施民事法律行为,那么就不构成表见代理,而成为无权代理。

一般来说,表见代理的产生与被代理人的过错有关。但是,设立表见代理制度的目的是保护交易的安全性,不至于使没有过失的相对人劳而无获。因此,相对人只要证明自己和行为人实施民事法律行为时没有过失,至于被代理人在行为人实施民事法律行为时是否有过失,相对人在很多情况下难以证明。

关联法规

《最高人民法院关于适用〈中华人民共和国民法典〉总则编若干问题的解释》第25、28条

第三节 代 理 终 止

第一百七十三条 【委托代理终止的情形】有下列情形之一的,委托代理终止:

(一)代理期限届满或者代理事务完成;

(二)被代理人取消委托或者代理人辞去委托;

(三)代理人丧失民事行为能力;

(四)代理人或者被代理人死亡;

(五)作为代理人或者被代理人的法人、非法人组织终止。

条文注释

委托代理终止,是指被代理人与代理人之间的代理关系消灭。出现下列五种情形之一的,委托代理终止:

(1)代理期限届满或者代理事务完成。代理期限就是委托代理授权时确定的代理权的存续期限。如果授权时明确了具体的代理期限,期限届满,没有继续授权,委托代理就应当终止。同时,代理人完成了全部代理事务,即使代理期限没有届满,代理关系也已失去继续存在的理由,也应当终止。

(2)被代理人取消委托或者代理人辞去委托。被代理人授权代理人委托代理权,该委托代理权被代理人可以依法取消,代理人也可以依法辞去,此两种情形之下,委托代理终止。当然,如果因为被代理人取消委托或者代理人辞去委托造成损失的,行为人应当依法赔偿损失。

(3)代理人丧失民事行为能力。代理人要以被代理人的名义实施民事法律行为,必须具有行为能力。如果代理人丧失民事行为能力,委托代理当然终止。

(4)代理人或者被代理人死亡。委托代理关系是建立在被代理人与代理人之间信任的基础之上,具有严格的人身属性,如果代理人或者被代理人死亡,委托代理也应终止。但应注意的是,如果被代理人突然死亡,要求代理人随即停止所有的代理活动,客观上有时难以做到,而且可能会损害被代理人的继承人的利益,因此,本法第174条规定了一些例外情形,在这些情形下,代理人实施的代理行为仍然有效。

(5)作为代理人或者被代理人的法人、非法人组织终止。如果代理人或者被代理人是法人或者非法人组织的,该法人或者非法人组织由于种种原因终止,此时,委托代理也当然终止。

第一百七十四条　【委托代理终止的例外】被代理人死亡后，有下列情形之一的，委托代理人实施的代理行为有效：

（一）代理人不知道且不应当知道被代理人死亡；

（二）被代理人的继承人予以承认；

（三）授权中明确代理权在代理事务完成时终止；

（四）被代理人死亡前已经实施，为了被代理人的继承人的利益继续代理。

作为被代理人的法人、非法人组织终止的，参照适用前款规定。

条文注释

在下列情形下，被代理人死亡的，委托代理人实施的代理行为仍然有效：

（1）代理人不知道且不应当知道被代理人死亡。被代理人突然死亡，代理人不一定能及时知道。如果规定代理行为无效，对代理人和相对人不甚合理。当然，如果代理人知道或者应当知道被代理人死亡的，代理关系终止，代理人就应当立刻停止实施代理行为。

（2）被代理人的继承人予以承认。被代理人死亡，其继承人知道代理人的存在后，对其代理人地位予以承认的，代理人可以继续实施代理行为。

（3）授权中明确代理权在代理事务完成时终止。被代理人的委托授权中明确了代理权直到代理事务完成时才终止的，即使被代理人死亡，也应当尊重其意思，代理人可以继续从事代理活动，其实施的代理行为仍然有效。

（4）被代理人死亡前已经实施，为了被代理人的继承人的利益继续代理。被代理人死亡前代理人已经实施了代理行为，被代理人死亡后，如果继续实施该代理行为有利于被代理人的继承人的利益，代理人应当完成该代理行为。

如果被代理人是法人、非法人组织，其终止类似于自然人的死亡，因此，本条第2款规定，作为被代理人的法人、非法人组织终止的，参照适用前款规定。

第一百七十五条　【法定代理终止的情形】有下列情形之一的，法定代理终止：

（一）被代理人取得或者恢复完全民事行为能力；

（二）代理人丧失民事行为能力；

（三）代理人或者被代理人死亡；

（四）法律规定的其他情形。

条文注释

法定代理依法律规定的情形而产生，也应依法律规定的情形而终止。本条明确规定有下列四种情形之一的，法定代理终止：

（1）被代理人取得或者恢复完全民事行为能力。法定代理产生的一个重要原因，是被代理人为无民事行为能力人或者限制民事行为能力人，需要监护人作为其法定代理人，代理其实施民事法律行为。如果被代理人取得或者恢复完全民事行为能力，比如未成年人年满18周岁，或者健康障碍患者恢复健康，法定代理就没有存在的必要，自然终止。

（2）代理人丧失民事行为能力。代理人代理被代理人实施民事法律行为，当然必须具有民事行为能力。如果代理人丧失民事行为能力，法定代理当然终止。

（3）代理人或者被代理人死亡。代理人或者被代理人死亡的，法定代理当然终止。

（4）法律规定的其他情形。在上述三种情形之外，法律还规定了其他一些终止情形。

第八章　民事责任

第一百七十六条　【民事义务与责任】民事主体依照法律规定或者按照当事人约定，履行民事义务，承担民事责任。

条文注释

民事责任,是指由于违反民事义务所应承担的责任。

民事责任的基本特征包括以下两个方面:

(1)民事责任是民事主体违反民事义务所应承担的责任,是以民事义务为基础的。民事义务分为两类:一是法律直接规定的义务;二是在法律允许的范围内民事主体自行约定的义务。

(2)民事责任具有强制性。强制性是法律责任的重要特征。法律责任中的民事责任的强制性表现在对不履行民事义务的行为予以制裁,要求民事主体承担民事责任。

第一百七十七条　【按份责任】二人以上依法承担按份责任,能够确定责任大小的,各自承担相应的责任;难以确定责任大小的,平均承担责任。

条文注释

按份责任,是指责任人为多人时,各责任人按照一定的份额向权利人承担民事责任,各责任人之间无连带关系。

适用本条规定应当符合下列构成要件:(1)主体的复数性。不依照法律规定或者当事人约定履行民事义务的主体应当为两个或者两个以上的民事主体,可以是自然人,也可以是法人或者非法人组织。(2)造成同一法律后果。两个或者两个以上的民事主体不依照法律规定或者当事人约定履行民事义务产生的民事责任是同一的,性质是相同的。

根据本条规定,两个或者两个以上的民事主体依法承担按份责任。每个民事主体应当承担的份额,又分两种情形:(1)能够确定责任大小的。两个或者两个以上的民事主体没有依照法律规定或者当事人的约定履行民事义务,可以根据每个民事主体对造成损害的后果的可能性来确定责任份额。(2)难以确定责任大小的。此时,各民事主体应平均承担责任。

第一百七十八条 【连带责任】二人以上依法承担连带责任的，权利人有权请求部分或者全部连带责任人承担责任。

连带责任人的责任份额根据各自责任大小确定；难以确定责任大小的，平均承担责任。实际承担责任超过自己责任份额的连带责任人，有权向其他连带责任人追偿。

连带责任，由法律规定或者当事人约定。

条文注释

连带责任，是指依照法律规定或者当事人的约定，两个或者两个以上当事人对共同产生的不履行民事义务的民事责任承担全部责任，并因此引起内部债务关系的一种民事责任。

连带责任的特征主要表现在：(1)连带责任对于违反民事义务的主体而言是一种比较严厉的责任方式。连带责任对外是一个整体的责任。连带责任中的每个主体都需要对被损害者承担全部责任。被请求承担全部责任的连带责任主体，不得因自己的过错程度而只承担自己的责任。(2)连带责任对被损害者的保护更为充分。连带责任给了被损害者更多的选择权，被损害者可以请求一个或者数个连带责任人承担全部或者部分赔偿责任。(3)连带责任是法定责任，连带责任人之间不能约定改变责任的性质，对于内部责任份额的约定对外不发生效力。

连带责任人对外承担了责任后，通常需要在内部确定各自的责任。责任大小一般依据如下原则确定：(1)根据各自的过错。确定责任份额时，应当对每个责任主体在不履行民事义务时的过错进行比较，有故意或者有重大过失等较大过错的，承担的责任份额较大；过错较小的，如只有轻微过失的，可以承担较少的责任份额。(2)对原因力进行比较。原因力，是指在构成不履行义务的多个原因中，每一个原因对于结果的发生或者扩大所起的作用。原因力也是确定连带责任人责任数额的一个方面，特别是在无过错责任的情况下，需要对各责任主体在不履行民事义务时所起的作用进行比较，所起的作用较大的，应当承担较大的责任份额；所起的作用较小的，应当承担较小的责任份额。(3)平均分担责任份额。如果根据过错和原因力难以确定连带责任人责任大小的,可以视为各连带责任人的过错程度和原因力大小是相当的,在这种情况下应当由连带责任人平均承担责任份额。

在一个或者数个连带责任人承担了全部责任后,实际承担责任的人有权向其他连带责任人追偿。连带责任中的追偿权在连带责任的内部关系中处于重要地位,能保障连带责任人内部合理分担风险。通过行使追偿权,实际承担民事责任的连带责任人也完成了角色的转化,从对外以不履行民事义务人的身份承担民事责任,转化为对内以债权人的身份请求公平分担责任。行使追偿权的前提是连带责任人实际承担了超出自己责任的份额,没有超出自己责任的份额,不得行使追偿权。

第一百七十九条　【承担民事责任的方式】承担民事责任的方式主要有:

(一)停止侵害;

(二)排除妨碍;

(三)消除危险;

(四)返还财产;

(五)恢复原状;

(六)修理、重作、更换;

(七)继续履行;

(八)赔偿损失;

(九)支付违约金;

(十)消除影响、恢复名誉;

(十一)赔礼道歉。

法律规定惩罚性赔偿的,依照其规定。

本条规定的承担民事责任的方式,可以单独适用,也可以合并适用。

条文注释

民事主体应当依照法律规定或者当事人约定履行民事义务。民事主体不履行或者不完全履行民事义务的，就需要承担民事责任。

根据本条规定，承担民事责任的方式主要有：

(1)停止侵害。这主要是要求行为人不实施某种侵害。采用这种责任方式以不履行民事义务正在进行或者仍在延续为条件，未发生或者已经终止的不履行义务的情形不适用。

(2)排除妨碍。这是指行为人实施的行为使他人无法行使或者不能正常行使人身、财产权益，受害人可以要求行为人排除妨碍权益实施的障碍。

(3)消除危险。这是指行为人的行为对他人人身、财产权益造成现实威胁，他人有权要求行为人采取有效措施消除这种现实威胁。适用这种责任方式必须是危险确实存在，对他人人身、财产安全造成现实威胁，但尚未发生实际损害。

(4)返还财产。返还财产责任是因行为人无权占有他人财产而产生。适用返还财产责任方式的前提是该财产还存在，如果该财产已经灭失，就不可能适用该责任方式，受害人只能要求赔偿损失。如果该财产虽然存在，但已经损坏的，权利人可以根据自己的意愿，选择返还财产、恢复原状或者赔偿损失等责任方式。

(5)恢复原状。这是指行为人通过修理等手段使受到损坏的财产恢复到损坏发生前的状况的一种责任方式。采取恢复原状责任方式要符合以下条件：一是受到损坏的财产仍然存在且有恢复原状的可能性；二是恢复原状有必要，即受害人认为恢复原状是必要的且具有经济上的合理性。

(6)修理、重作、更换。这主要是违反合同应当承担的民事责任形式，是违反合同后所采取的补救措施。修理包括对产品、工作成果等标的物质量瑕疵的修补，也包括对服务质量瑕疵的改善，这是最为普遍的补救方式。在存在严重的质量瑕疵，以致不能通过修理达到约定的或者法定的质量情形下，受损害方可以选择更换或者重作的补救方式。修理、重作、更换不是恢复原状，如果将损坏的财产修理复原，则是承担恢复原状的责任。

(7)继续履行。就是按照合同的约定继续履行义务是当事人一方违反合同后应当承担的一项重要的民事责任。对合同一方当事人不能自觉履行合同的，另一方当事人有权请求违约方继续履行合同或者请求人民法院、仲裁机构强制违约当事人继续履行合同。

(8)赔偿损失。这是指行为人向受害人支付一定数额的金钱以弥补其损失的责任方式，是运用较为广泛的一种责任方式。赔偿的最基本目的，是补偿损害，使受到损害的权利得到救济，使受害人能恢复到未受到损害前的状态。

(9)支付违约金。违约金是当事人在合同中约定的或者由法律直接规定的一方违反合同时应向对方支付一定数额的金钱，这是违反合同可以采用的承担民事责任的方式，只适用于合同当事人有违约金约定或者法律规定违反合同应支付违约金的情形。

(10)消除影响、恢复名誉。这是指人民法院根据受害人的请求，责令行为人在一定范围内采取适当方式消除对受害人名誉的不利影响，以使其名誉得到恢复的一种责任方式。具体适用消除影响、恢复名誉，要根据侵害行为所造成的影响和受害人名誉受损的后果决定。

(11)赔礼道歉。这是指行为人通过口头、书面或者其他方式向受害人进行道歉，以取得谅解的一种责任方式。赔礼道歉主要适用于侵害名誉权、荣誉权、隐私权、姓名权、肖像权等人格权益的情形。赔礼道歉可以是公开的，也可以私下进行；可以口头方式进行，也可以书面方式进行，具体采用什么形式由法院依据案件的具体情况确定。

本条第2款规定了惩罚性赔偿。惩罚性赔偿，是指当侵权人(义务人)以恶意、故意、欺诈等方式实施加害行为而致权利人受到损害的，权利人可以获得实际损害赔偿之外的增加赔偿。其目的是通过对义务人施以惩罚，阻止其重复实施恶意行为，并警示他人不要采取类似行为。

本条规定了11种承担民事责任的方式,各有特点,可以单独采用一种方式,也可以采用多种方式。具体适用民事责任的方式应掌握的原则是,如果一种方式不足以救济权利人的,就应当同时适用其他方式。

第一百八十条 【不可抗力】因不可抗力不能履行民事义务的,不承担民事责任。法律另有规定的,依照其规定。

不可抗力是不能预见、不能避免且不能克服的客观情况。

条文注释

不可抗力,一般是指根据现有的技术水平,对某事件发生没有预知能力。人们对某事件的发生的预知能力取决于当代的科学技术水平。某些事件的发生,在过去不可预见,但随着科学技术水平的发展,现在就可以预见。

不能避免且不能克服,是指当事人已经尽到最大努力和采取一切可以采取的措施,仍不能避免某种事件的发生并不能克服事件所造成的后果。"不能避免且不能克服"表明某个事件的发生和事件所造成的后果具有必然性。

通常情况下,因不可抗力不能履行民事义务的,不承担民事责任。但法律规定因不可抗力不能履行民事义务,也要承担民事责任的则需要依法承担民事责任。具体什么情况下应承担民事责任、承担责任的程度等要依照法律的规定确定。《邮政法》都有相关规定。

关联法规

《邮政法》第48条

第一百八十一条 【正当防卫】因正当防卫造成损害的,不承担民事责任。

正当防卫超过必要的限度,造成不应有的损害的,正当防卫人应当承担适当的民事责任。

条文注释

正当防卫，是指本人、他人的人身权利、财产权利遭受不法侵害时，行为人所采取的一种防卫措施。正当防卫作为行为人不承担责任和减轻责任的情形，其根据是行为的正当性、合法性，表明行为人主观上没有过错。

正当防卫应当同时具备以下六个要件：

(1)必须是为了使本人、他人的人身、财产权利免受不法侵害而实施的；(2)必须有不法侵害行为发生；(3)必须是正在进行的不法侵害；(4)必须是本人、他人的人身权利、财产权利遭受不法侵害，在来不及请求有关国家机关救助的情况下实施的防卫行为；(5)必须是针对不法侵害者本人实行，即正当防卫行为不能对没有实施不法侵害行为的第三者(包括不法侵害者的家属)造成损害；(6)不能明显超过必要限度造成损害。

正当防卫造成的损害包括：(1)遭受损害的主体一般仅指造成侵权人的损害；(2)遭受损害的客体既包括对侵害人人身权利的损害，也包括对侵害人财产权利的损害。

正当防卫超过必要限度，造成侵害人不应有的损害的，正当防卫人应当承担适当的民事责任。适当的民事责任，是指不对侵害人的全部损失赔偿，而是根据正当防卫人过错的程度，由正当防卫人在损失范围内承担一部分责任。

关联法规

《刑法》第20条；《最高人民法院关于适用〈中华人民共和国民法典〉总则编若干问题的解释》第30、31条

第一百八十二条　【紧急避险】因紧急避险造成损害的，由引起险情发生的人承担民事责任。

危险由自然原因引起的，紧急避险人不承担民事责任，可以给予适当补偿。

紧急避险采取措施不当或者超过必要的限度，造成不应有的损害的，紧急避险人应当承担适当的民事责任。

条文注释

紧急避险,是指为了使本人或者他人的人身、财产权利免受正在发生的危险,不得已采取的紧急避险行为,造成损害的,不承担责任或者减轻责任的情形。

紧急避险应当具备以下四个要件:(1)必须是为了使本人、他人的人身、财产权利免受危险的损害;(2)必须是对正在发生的危险采取的紧急避险行为;(3)必须是在不得已的情况下采取避险措施;(4)避险行为不能超过必要的限度。

紧急避险造成的损害包括:(1)遭受损害的主体可能是对第三人的损害,也包括对避险人本人造成的损害。(2)遭受损害的客体既包括对避险者本人、第三人财产权利的损害,也包括人身权利的损害。

紧急避险人的法律责任分为以下几个方面:(1)紧急避险人造成本人或者他人损害的,由引起险情发生的人承担责任。(2)如果危险是由自然原因引起的,紧急避险人是为了他人的利益而采取了避险行为,造成第三人利益损害的,紧急避险人免予对第三人承担责任。(3)如果危险是由自然原因引起的,紧急避险人是为了本人的利益而采取了避险行为,造成第三人利益损害的,紧急避险人本人作为受益人,应当对第三人的损害给予补偿。(4)因紧急避险采取措施不当或者超过必要的限度,造成不应有的损害的,紧急避险人应当承担适当的责任。

"紧急避险采取措施不当",是指在当时的情况下能够采取可能减少或者避免损害的措施而未采取,或者采取的措施并非排除险情所必需。紧急避险"超过必要的限度",是指采取紧急避险措施没有减轻损害,或者紧急避险所造成的损害大于所保全的利益。

关联法规

《刑法》第21条;《最高人民法院关于适用〈中华人民共和国民法典〉总则编若干问题的解释》第32、33条

第一百八十三条　【因保护他人民事权益受损时的责任承担与补偿办法】因保护他人民事权益使自己受到损害的，由侵权人承担民事责任，受益人可以给予适当补偿。没有侵权人、侵权人逃逸或者无力承担民事责任，受害人请求补偿的，受益人应当给予适当补偿。

条文注释

本条的目的，在于保护见义勇为者，鼓励见义勇为行为。理解本条时应注意以下问题：

（1）因保护他人民事权益而使自己受到损害。受到损害的人不是为了自己的民事权益，而是为了他人的民事权益不受侵害而为的行为。受到的损害既包括人身受到伤害，也包括财产受到损害。

（2）由侵权人承担责任，受益者可以给予适当的补偿。由于受害人是为了保护他人的民事权益，防止、制止侵权人的侵权行为，因此，受害人所受到的损害，应由侵权人承担民事责任。考虑到受益人因受害人的付出，使自己的权益免受或者少受损害，对受害人因此所受到的损害，受益人可以给予适当的补偿。

（3）受益人应当给予适当补偿的情形主要分为两种：一种是侵权人逃逸或者无力承担民事责任的情形。这里需要注意以下几点：第一，确实找不到逃逸的侵权人，或者侵权人确实没有承担民事责任的能力。第二，要有明确的受益人。第三，受害人明确提出了受益人给予适当补偿的请求。补偿不是赔偿，仅是针对其中的一部分损失。另一种是没有侵权人的情形。因保护他人民事权益使自己受到损害的，有时并无侵权人，如舍身相救落水人员使自己受伤等。在这种情况下，受害人请求受益人给予适当补偿是合乎情理的，受益人给予适当补偿也是理所当然的。

关联法规

《最高人民法院关于适用〈中华人民共和国民法典〉总则编若干问题的解释》第34条

第一百八十四条　【自愿实施紧急救助行为不承担民事责任】因自愿实施紧急救助行为造成受助人损害的，救助人不承担民事责任。

条文注释

本条规定包括以下几个方面：

(1)救助人自愿实施紧急救助行为。自愿实施紧急救助行为，是指一般所称的见义勇为或者乐于助人的行为，不包括专业救助行为。本条所称的救助人，是指非专业人员，即一般所称的见义勇为或者乐于助人的志愿人员。(2)救助人以救助为目的实施紧急救助行为。救助行为应是在紧急情况下，救助人实施的救助他人的行为。救助人不承担民事责任的条件之一是救助人需以"救助"受助人为行为的主观目的。(3)受助人的损害与救助人的行为有因果关系。(4)救助人对因救助行为造成受助人的损害不承担民事责任。

第一百八十五条　【侵害英烈等的姓名、肖像、名誉、荣誉的民事责任】侵害英雄烈士等的姓名、肖像、名誉、荣誉，损害社会公共利益的，应当承担民事责任。

条文注释

应从以下几点理解本条：

(1)本条保护的对象"英雄烈士等"包括为了人民利益英勇斗争而牺牲，堪为楷模的人，还包括在保卫国家和国家建设中作出巨大贡献、建立卓越功勋，已经故去的人。(2)本条的保护对象是英雄烈士等的相关人格利益。(3)侵害英雄烈士等的姓名、肖像、名誉、荣誉，损害社会公共利益的，应当承担民事责任。

关联法规

《烈士褒扬条例》第8条；《军人抚恤优待条例》第8条；《最高人民法院关于确定民事侵权精神损害赔偿责任若干问题的解释》第3条；《最高人民法院关于适用〈中华人民共和国民法典〉时间效力的若干规定》第6条；《最高人民法院、最高人民检察院关于检察公益诉讼案件适用法律若干问题的解释》第13条

第一百八十六条　【责任竞合】因当事人一方的违约行为，损害对方人身权益、财产权益的，受损害方有权选择请求其承担违约责任或者侵权责任。

条文注释

违约责任与侵权责任的竞合，是指义务人的违约行为既符合违约要件，又符合侵权要件，导致违约责任与侵权责任一并产生。这就产生了两种请求权竞合的情况。根据公平原则，本条规定，受损害方可以在两种请求权中选择行使一种请求权。这意味着受损害方只能行使一种请求权，如果受损害方选择行使一种请求权并得到实现，那么另一种请求权即告消灭。对违约方来说，这两种责任无论对方要求其承担哪一种，都是合理的。

第一百八十七条　【民事责任优先承担】民事主体因同一行为应当承担民事责任、行政责任和刑事责任的，承担行政责任或者刑事责任不影响承担民事责任；民事主体的财产不足以支付的，优先用于承担民事责任。

条文注释

民事责任，是指自然人、法人或者非法人组织因违反民事法律、违约或者因法律规定的其他事由而依法承担的不利后果，包括侵权责任、违约责任等。

1.民事责任和行政责任、刑事责任的竞合

法律责任竞合，是指行为人的同一行为符合两个或两个以上不同性质的法律责任的构成要件，依法应当承担多种不同性质的法律责任制度。民事责任、行政责任和刑事责任虽然是三种性质不同的法律责任，却可能因为同一法律行为而同时产生。一个行为既违反了民法又违反了行政法或者刑法，由此同时产生民事责任、行政责任或者刑事责任，即发生责任竞合。

2.民事主体的财产优先承担民事责任

民事责任优先原则就是解决民事责任、行政责任和刑事责任责任竞合时的法律原则，即某一责任主体的财产不足以同时满足民事赔偿责任与行政责任或者刑事责任中的罚款、罚金时，优先承担民事赔偿责任，这也是本条规定的要旨所在。

3. 民事责任优先原则的适用条件

（1）责任主体所承担的民事责任须合法有效，其发生的依据或者基于法律的规定或基于约定。

（2）责任主体的财产不足以同时满足民事责任、行政责任和刑事责任，如果都能满足，则三种责任并行不悖，责任人同时承担三种责任，只有在财产不足以同时满足时，才出现民事责任优先的问题。

关联法规

《刑法》第 36 条；《食品安全法》第 147 条；《消费者权益保护法》第 58 条；《产品质量法》第 64 条；《公司法》第 214 条；《证券法》第 220 条；《证券投资基金法》第 150 条；《最高人民法院关于审理食品药品纠纷案件适用法律若干问题的规定》第 14 条

第九章　诉讼时效

第一百八十八条　【普通诉讼时效、最长权利保护期间】向人民法院请求保护民事权利的诉讼时效期间为三年。法律另有规定的，依照其规定。

诉讼时效期间自权利人知道或者应当知道权利受到损害以及义务人之日起计算。法律另有规定的，依照其规定。但是，自权利受到损害之日起超过二十年的，人民法院不予保护，有特殊情况的，人民法院可以根据权利人的申请决定延长。

条文注释

诉讼时效是权利人在法定期间内不行使权利，该期间届满后，发生义务人可以拒绝履行其给付义务效果的法律制度。

第 1 款规定了普通诉讼时效期间，在理解时应注意以下两个问题:(1)在商事领域可能存在需要短于普通诉讼时效期间的情形。法律另有规定时,根据特别规定优于一般规定的原则,优先适用特别规定。(2)关于普通诉讼时效期间的起算,"知道或者应当知道权利受到损害"和"知道或者应当知道义务人"两个条件应当同时具备。

第2款规定了普通诉讼时效期间的计算和20年的最长权利保护期间。适用最长权利保护期间时,需要根据当事人的申请,人民法院才能决定。

关联法规

《最高人民法院关于适用〈中华人民共和国民法典〉总则编若干问题的解释》第35、37条

第一百八十九条 【分期履行债务的诉讼时效】当事人约定同一债务分期履行的,诉讼时效期间自最后一期履行期限届满之日起计算。

条文注释

分期履行债务是按照当事人事先约定,分批分次完成一个债务履行的情况。分期付款买卖合同是最典型的分期履行债务。分期履行债务具有整体性和唯一性,系本条规定的"同一债务"。

对分期履行债务诉讼时效期间的起算,《民法典》规定,当事人约定同一债务分期履行的,诉讼时效期间从最后一期履行期限届满之日起计算。

第一百九十条 【对法定代理人请求权的诉讼时效】无民事行为能力人或者限制民事行为能力人对其法定代理人的请求权的诉讼时效期间,自该法定代理终止之日起计算。

条文注释

本条规定实质上旨在保障无民事行为能力人或者限制民事行为能力人对其法定代理人行使请求权。本法第175条规定了法定代理关系终止的主要情形:被代理人取得或者恢复完全民事行为能

力;代理人丧失民事行为能力;代理人或者被代理人死亡;法律规定的其他情形。认定本条规定的法定代理终止,应当依照本法第 175 条的规定。

关联法规

《最高人民法院关于适用〈中华人民共和国民法典〉总则编若干问题的解释》第 36 条

第一百九十一条　【受性侵未成年人赔偿请求权的诉讼时效】未成年人遭受性侵害的损害赔偿请求权的诉讼时效期间,自受害人年满十八周岁之日起计算。

条文注释

理解本条规定时应注意两点:

(1)诉讼时效是权利人在法定期间内不行使权利,该期间届满后,义务人拒绝履行其给付义务的法律制度,即诉讼时效期间是权利人可以行使权利的"最晚"期间。在权利受到损害后、诉讼时效期间届满前的时间范围内,权利人都可以主张权利。因此,未成年人遭受性侵害的,在年满 18 周岁之前,其法定代理人当然可以代为行使请求权。此处的请求权应当认为是法定代理人代为向人民法院的请求,人民法院依法作出的生效判决具有既判力,受害人在年满 18 周岁之后对相关处理不满意要求再次处理的,应当符合《民事诉讼法》等法律的规定。如果年满 18 周岁之前,其法定代理人选择与侵害人"私了"的方式解决纠纷,受害人在年满 18 周岁之后,可以依据本条的规定请求损害赔偿。

(2)未成年人遭受性侵害的损害赔偿请求权的诉讼时效期间,自受害人年满 18 周岁之日起计算。其具体的诉讼时效期间,适用本法第 188 条 3 年的普通诉讼时效期间的规定,即从年满 18 周岁之日起计算 3 年;符合本法第 194 条、第 195 条诉讼时效中止、中断情形的,可以相应中止、中断。

第一百九十二条　【诉讼时效期间届满的法律效果】诉讼时效期间届满的，义务人可以提出不履行义务的抗辩。

诉讼时效期间届满后，义务人同意履行的，不得以诉讼时效期间届满为由抗辩；义务人已经自愿履行的，不得请求返还。

条文注释

本条第1款规定，诉讼时效期间届满的，义务人可以提出不履行义务的抗辩。这就意味着，权利人享有起诉权，可以向法院主张其已过诉讼时效的权利，法院应当受理。但是，义务人行使时效抗辩权不得违反诚信原则，否则即使诉讼时效完成，义务人也不能取得时效抗辩权。

本条第2款规定，诉讼时效期间届满后，义务人同意履行的，不得以诉讼时效期间届满为由抗辩；义务人已自愿履行的，不得请求返还。诉讼时效期间届满后，权利人虽不能请求法律的强制性保护，但法律并不否定其权利的存在。若义务人放弃时效利益自愿履行的，权利人可以受领并保持，受领不属于不当得利，义务人不得请求返还。诉讼时效期间届满后，义务人同意履行的，不得以诉讼时效期间届满为由抗辩。

还应当注意的是，诉讼时效制度的实施需要一系列的具体规定相配合。除本条规定外，也包括本法第193条规定的人民法院不得主动适用诉讼时效、第197条第2款规定的当事人对诉讼时效利益的预先放弃无效等具体规定。

关联法规

《最高人民法院关于适用〈中华人民共和国民法典〉有关担保制度的解释》第35条；《最高人民法院关于审理民事案件适用诉讼时效制度若干问题的规定》第19条

第一百九十三条　【诉讼时效援用】人民法院不得主动适用诉讼时效的规定。

条文注释

诉讼时效抗辩权本质上是义务人的一项民事权利，义务人是否行使，司法不应过多干预，这是民法意思自治原则的根本要求。义务人主张抗辩，属于自由处分权利的范畴，司法也不应过多干涉，这是民事诉讼处分原则的应有之义。因此，遵循上述意思自治原则和处分原则，在义务人不提出诉讼时效抗辩的情形下，人民法院不应主动援用时效规则进行裁判，这也与法院居中裁判的地位相适应。

关联法规

《最高人民法院关于审理民事案件适用诉讼时效制度若干问题的规定》第2条

第一百九十四条　【诉讼时效中止的情形】在诉讼时效期间的最后六个月内，因下列障碍，不能行使请求权的，诉讼时效中止：

（一）不可抗力；

（二）无民事行为能力人或者限制民事行为能力人没有法定代理人，或者法定代理人死亡、丧失民事行为能力、丧失代理权；

（三）继承开始后未确定继承人或者遗产管理人；

（四）权利人被义务人或者其他人控制；

（五）其他导致权利人不能行使请求权的障碍。

自中止时效的原因消除之日起满六个月，诉讼时效期间届满。

条文注释

诉讼时效中止，是因法定事由的存在使诉讼时效停止进行，待法定事由消除后继续进行的制度。在诉讼时效进行中的某一时间内，出现了权利人主张权利的客观障碍，导致权利人无法在诉讼时效期间内行使权利，可能产生不公平的结果，因此法律规定了诉讼时效中止制度。

第一百九十五条　【诉讼时效中断的情形】有下列情形之一的，诉讼时效中断，从中断、有关程序终结时起，诉讼时效期间重新计算：

（一）权利人向义务人提出履行请求；

（二）义务人同意履行义务；

（三）权利人提起诉讼或者申请仲裁；

（四）与提起诉讼或者申请仲裁具有同等效力的其他情形。

条文注释

诉讼时效期间中断，指诉讼时效期间进行过程中，出现了权利人积极行使权利等法定事由，从而使已经经过的诉讼时效期间归于消灭，重新计算期间的制度。

诉讼时效中断的特征表现为：(1)发生于诉讼时效的进行中，诉讼时效尚未开始计算或者已经届满的情况下排除其适用；(2)发生了一定的法定事由导致诉讼时效存在的基础被推翻；(3)它使已经进行的诉讼时效重新起算，以前经过的期间归于消灭。

关联法规

《最高人民法院关于审理民事案件适用诉讼时效制度若干问题的规定》第6～19条；《最高人民法院关于适用〈中华人民共和国民法典〉总则编若干问题的解释》第38条

第一百九十六条　【不适用诉讼时效的情形】下列请求权不适用诉讼时效的规定：

（一）请求停止侵害、排除妨碍、消除危险；

（二）不动产物权和登记的动产物权的权利人请求返还财产；

（三）请求支付抚养费、赡养费或者扶养费；

（四）依法不适用诉讼时效的其他请求权。

条文注释

根据本条规定，不适用诉讼时效的请求权包括：

(1)请求停止侵害、排除妨碍、消除危险。停止侵害、排除妨碍和消除危险是所有权和其他物权的功能，其目的是解决对物权权能的障碍、发挥物的效用，回复权利人对权利客体的支配。根据物权的理论，无论经过多长时间，法律不可能任由侵害物权的行为取得合法性。如果请求停止侵害、排除妨碍、消除危险的权利适用诉讼时效，将会发生物权人必须容忍他人对其行使物权进行侵害的结果，这对权利人不公平，也违反物权法基本理论。

(2)不动产物权和登记的动产物权的权利人请求返还财产。不动产物权价值重大、事关国计民生和整个社会稳定，一般用登记作为不动产物权享有和变动的公示方法。不动产登记部门是国家设立的，不动产一经登记具有强大的公示公信力，也就意味着不动产物权的权利人请求返还财产适用诉讼时效已不可能。动产以占有和交付为所有权享有和变动的公示方法。法律对船舶、航空器、机动车等动产的登记采取登记对抗主义，不适用诉讼时效。

(3)请求支付抚养费、赡养费或者扶养费。抚养费指义务人基于抚养义务所支付的费用，支付对象一般是晚辈，如子女、孙子女、外孙子女等。赡养费指义务人基于赡养义务所支付的费用，支付对象一般是长辈，如父母、祖父母、外祖父母等。扶养费指义务人基于扶养义务所支付的费用，支付对象一般是平辈，如配偶、兄弟姐妹等。

第一百九十七条 【诉讼时效法定、时效利益预先放弃无效】诉讼时效的期间、计算方法以及中止、中断的事由由法律规定，当事人约定无效。

当事人对诉讼时效利益的预先放弃无效。

条文注释

诉讼时效法定性包括：(1)诉讼时效的期间和计算方法法定。该期间由法律明确规定，当事人必须按照法律规定的期间执行，不得改动。诉讼时效期间可以在一般法中规定，也可以在特别法中规定。当事人不得通过约定缩短或延长诉讼时效期间。(2)诉讼时效中止、中断的事由法定。诉讼时效可以通过中止、中断进行法定变更，但相应情形由法律明确作出规定，当事人不可以创设法律没有规定的情形,擅自变更诉讼时效。否则,诉讼时效便失去了确定性。(3)当事人擅自约定诉讼时效的后果由法律明确规定。当事人违反本款规定,擅自对诉讼时效的期间、计算方法以及中止、中断的事由进行约定的,则约定无效。

诉讼时效预先放弃无效。诉讼时效放弃可以分为两种:一种是时效届满前预先放弃,另一种是诉讼时效届满后放弃。诉讼时效利益不得在时效期间届满前预先放弃。但是,诉讼时效期间届满后,义务人取得拒绝履行义务的抗辩权。根据私法自治原则,当事人有权在法律规定的范围内,自由处分其权利或者利益,选择是否放弃诉讼时效利益。放弃诉讼时效是单方法律行为,自成立时发生法律效力;同时又是处分行为,须依意思表示为之。可以在诉讼中也可以在诉讼外作出;可以明示也可以默示。

第一百九十八条 【仲裁时效】法律对仲裁时效有规定的,依照其规定;没有规定的,适用诉讼时效的规定。

条文注释

我国《仲裁法》规定,法律对仲裁时效有规定的,适用该规定。法律对仲裁时效没有规定的,适用诉讼时效的规定。关于仲裁时效的特别规定主要有:《劳动争议调解仲裁法》规定,劳动争议申请仲裁的时效期间为1年;《农村土地承包经营纠纷调解仲裁法》规定,农村土地承包经营纠纷申请仲裁的时效期间为2年;本法合同编规定,因国际货物买卖合同和技术进出口合同争议提起诉讼或者申请仲裁的时效期间为4年。

第一百九十九条 【除斥期间】法律规定或者当事人约定的撤销权、解除权等权利的存续期间,除法律另有规定外,自权利人知道或者应当知道权利产生之日起计算,不适用有关诉讼时效中止、中断和延长的规定。存续期间届满,撤销权、解除权等权利消灭。

条文注释

本条是关于除斥期间的一般规定。民法理论通说认为，撤销权、解除权是适用除斥期间最典型的权利。

除斥期间的起算点原则上应自权利行使无法律上的障碍时开始计算。但在权利人未必知道其权利存在的场合，法律通常规定自权利人知道或者应当知道其权利存在之时起开始计算。

除斥期间是权利预设期间，以促使法律关系尽早确定为目标。为达制度目的，需要规定除斥期间经过后，权利人的权利即归于消灭，要么使原本不确定的法律关系明确固定，要么使既有的法律关系归于消灭，都会引起实体法上效果的变化。所以除斥期间没有中断的可能性，一般也不会发生中止。

关联法规

《最高人民法院关于审理民事案件诉讼时效制度若干问题的规定》第5条

第十章　期间计算

第二百条　【期间计算单位】民法所称的期间按照公历年、月、日、小时计算。

条文注释

我国民法中规定的期间计算单位共有四种，分别是年、月、日和小时。期日为不可分的特定时间点，不发生计算的问题，但期间为一定的时间段，存在计算的问题。期间计算一般采取历法计算法和自然计算法相结合的方式。在本法规定的四种期间计算单位中，年、月采用公历的历法规则，这样每年的时间差距相差不大，既符合我国的社会实际，又符合国际通用规则，便于生产生活和国际交往。日、小时采用自然计算法，一日为24小时。

第二百零一条 【期间起算】按照年、月、日计算期间的,开始的当日不计入,自下一日开始计算。

按照小时计算期间的,自法律规定或者当事人约定的时间开始计算。

条文注释

本条规定的期间起算具体包括以下几种情况:

(1)按照年、月、日计算期间的,期间开始的当日不计入,自下一日开始计算。

(2)按照小时计算期间的,自法律规定或者当事人约定的时间开始计算。有两种起算方法:一种是自法律规定的时间开始计算,例如,从8时开始计算3个小时,则期间应该到11时结束。另一种是自当事人约定的时间开始计算。允许当事人根据商业交易习惯或者双方都认可的方式约定期间起算方式。如整数计算法,不论期间从何时开始计算,都约定按照最近将要到达的整数时间点开始计算。8时38分达成交易合同,则从9时开始计算期间。

关联法规

《民事诉讼法》第85条

第二百零二条 【期间结束】按照年、月计算期间的,到期月的对应日为期间的最后一日;没有对应日的,月末日为期间的最后一日。

条文注释

本条是关于期间结束的规定,具体包括以下两种情况:

(1)在以日定期间的情况下,算足该期间之日即为期间最后一日。

(2)在按照年、月计算期间的情况下,期间结束日根据是否按照整月计算,会有两种不同的结果:一是在不按照整月计算的情况下,例如,甲、乙二人于2017年1月15日签订劳务合同,约定1个月的履行期,则期间开始日为2017年1月16日,期间结束日为2017年2月15日。由此可见,期间最后一日总是到期月的签订合同的对应日。二是在按照整月计算的情况下，如果甲、乙二人于2017年1月31日签订劳务合同，约定1个月的履行期，则期间开始日为2017年2月1日，期间结束日为2017年2月28日。由此可见，期间最后一日是月末日。

第二百零三条　【期间结束日顺延和末日结束点】期间的最后一日是法定休假日的，以法定休假日结束的次日为期间的最后一日。

期间的最后一日的截止时间为二十四时；有业务时间的，停止业务活动的时间为截止时间。

条文注释

本条是关于期间结束日顺延和期间末日结束点的规定。具体情况如下：

(1)按照本法第202条的规定计算出期间最后一日，如果该日是法定休假日，对民事法律行为的产生、变更或者消灭会产生重大影响，因此法律规定期间顺延到法定休假日结束后的第一日届满。例如，2017年8月15日，甲承包的鱼塘中的鱼全部死亡。9月30日，甲得知鱼死亡是村里造纸厂排放废水造成的，其诉讼时效期间开始起算，3年后的2020年10月1日诉讼时效期间届满。但是，10月1日是国庆节假期，当年国庆节放假为10月1日至7日。甲的诉讼时效期间从10月1日顺延到10月8日，即国庆节假期结束后的第一日届满。

(2)期间的最后一日的截止时间为24时。但银行、证券交易所等均有业务时间，到达业务时间，业务停止运作，在时间联系点上业务结束时间更有意义，没有必要规定到24时结束。

第二百零四条　【期间的法定或约定】期间的计算方法依照本法的规定，但是法律另有规定或者当事人另有约定的除外。

条文注释

总则编规定期间的计算单位、期间的起算与结束、期间结束日的顺延等基本内容。单行法对期间的计算方法如果有不同规定的，根据特殊优于一般的法理,应当适用特别法的规定。同时,民法需要充分尊重当事人的意思自治,当事人有特定交易习惯或者对期间的计算方法能够达成一致约定的,可以依照当事人的约定。例如,当事人可以约定采用周、半月等计算单位计算期间。

本条规定与本法第201条第2款的规定既有区别又有联系。第201条第2款的规定仅指在按照小时计算期间的情况下,当事人可以约定期间开始的计算点。本条的规定是指当事人可以约定期间的计算方法,不仅是起算点,还有结束点。因此,在适用范围上,本条比第201条第2款更为广泛。

附录一　条文对照

《民法通则》等相关法律与《民法典》总则编对照表[①]

《民法通则》等相关法律	《民法典》总则编
	注 由于本编对《民法总则》几乎没有实质改动，且《民法总则》实施时间较短，故本编不再与《民法总则》比较。
	第一章　基本规定
《民法通则》第一条　为了保障公民、法人的合法的民事权益，~~正确~~调整民事关系，适应*社会主义现代化建设事业发展的需要*，根据宪法~~和我国实际情况，总结民事活动的实践经~~验，制定本法。	**第一条**　为了*保护*民事主体的合法权益，调整民事关系，**维护社会和经济秩序**，适应*中国特色社会主义发展要求*，**弘扬社会主义核心价值观**，根据宪法，制定本法。
《民法通则》第二条　中华人民共和国民法调整平等主体的公民之间、法人~~之间、公民和法人~~之间的财产关系和人身关系。	**第二条**　民法调整平等主体的*自然人*、法人和**非法人组织**之间的人身关系和财产关系。

① 本表参考杜月秋、孙政编：《民法典条文对照与重点解读》，法律出版社2020年版。本表中，对《民法典》新增的主要内容，用“**黑体**”格式体现；对变动的主要内容，用“*斜体*”格式体现；对删除的主要内容，用“~~删除线~~”表示。——编者注

续表

《民法通则》等相关法律	《民法典》总则编
《民法通则》第五条 公民、法人的合法的民事权益受法律保护，任何组织和个人不得侵犯。	第三条 民事主体的人身权利、财产权利以及其他合法权益受法律保护，任何组织或者个人不得侵犯。
《民法通则》第三条 当事人在民事活动中的地位平等。	第四条 民事主体在民事活动中的法律地位一律平等。
《民法通则》第四条 民事活动应当遵循自愿、公平、~~等价有偿、~~诚实信用的原则。	第五条 民事主体从事民事活动，应当遵循自愿原则，按照自己的意思设立、变更、终止民事法律关系。 第六条 民事主体从事民事活动，应当遵循公平原则，合理确定各方的权利和义务。 第七条 民事主体从事民事活动，应当遵循诚信原则，秉持诚实，恪守承诺。
《民法通则》第七条 民事活动应当尊重社会公德，不得损害社会公共利益~~，扰乱社会经济秩序~~。	第八条 民事主体从事民事活动，不得违反法律，不得违背公序良俗。
	第九条 民事主体从事民事活动，应当有利于节约资源、保护生态环境。
《民法通则》第六条 民事活动必须遵守法律，法律没有规定的~~，应当遵守国家政策~~。	第十条 处理民事纠纷，应当依照法律；法律没有规定的，可以适用习惯，但是不得违背公序良俗。
	第十一条 其他法律对民事关系有特别规定的，依照其规定。

续表

《民法通则》等相关法律	《民法典》总则编
《民法通则》第八条　在中华人民共和国领域内的民事活动，适用中华人民共和国法律，法律另有规定的除外。 ~~本法关于公民的规定，适用于在中华人民共和国领域内的外国人、无国籍人，法律另有规定的除外~~。	第十二条　中华人民共和国领域内的民事活动，适用中华人民共和国法律。法律另有规定的，依照其规定。
	第二章　自　然　人
	第一节　民事权利能力和民事行为能力
《民法通则》第九条　公民从出生时起到死亡时止，具有民事权利能力，依法享有民事权利，承担民事义务。	第十三条　*自然人*从出生时起到死亡时止，具有民事权利能力，依法享有民事权利，承担民事义务。
《民法通则》第十条　公民的民事权利能力一律平等。	第十四条　*自然人*的民事权利能力一律平等。
	第十五条　自然人的出生时间和死亡时间，以出生证明、死亡证明记载的时间为准；没有出生证明、死亡证明的，以户籍登记或者其他有效身份登记记载的时间为准。有其他证据足以推翻以上记载时间的，以该证据证明的时间为准。
《继承法》第二十八条　遗产分割时，应当保留胎儿的继承份额。胎儿出生时是死体的，保留的份额按照法定继承办理。	**第十六条　涉及遗产继承、接受赠与等胎儿利益保护的，胎儿视为具有民事权利能力。但是，胎儿娩出时为死体的，其民事权利能力自始不存在。**

续表

《民法通则》等相关法律	《民法典》总则编
《民法通则》第十一条 十八周岁以上的公民是成年人，具有完全民事行为能力，可以独立*进行民事活动*~~，是完全民事行为能力人~~。 十六周岁以上*不满十八周岁*的公民，以自己的劳动收入为主要生活来源的，视为完全民事行为能力人。	**第十七条** 十八周岁以上的*自然人*为成年人。**不满十八周岁的自然人为未成年人**。 **第十八条** 成年人为完全民事行为能力人，可以独立*实施民事法律行为*。 十六周岁以上的*未成年人*，以自己的劳动收入为主要生活来源的，视为完全民事行为能力人。
《民法通则》第十二条 *十周岁*以上的未成年人是限制民事行为能力人，*可以进行*与他的年龄、智力相适应的*民事活动*；*其他民事活动*由他的法定代理人代理，或者征得他的法定代理人的同意。 不满*十周岁*的未成年人是无民事行为能力人，由他的法定代理人代理*民事活动*。	**第十九条** *八周岁*以上的未成年人为限制民事行为能力人，*实施民事法律行为*由其法定代理人代理或者经其法定代理人同意、**追认**；但是，*可以独立实施* **纯获利益的民事法律行为**或者与其年龄、智力相适应的*民事法律行为*。 **第二十条** 不满*八周岁*的未成年人为无民事行为能力人，由其法定代理人代理*实施民事法律行为*。
《民法通则》第十三条 不能辨认自己行为的*精神病人*是无民事行为能力人，由他的法定代理人代理*民事活动*。 不能完全辨认自己行为的*精神病人*是限制民事行为能力人，*可以进行*与他的精神健康状况相适应的*民事活动*；*其他民事活动*由他的法定代理人代理，或者征得他的法定代理人的同意。	**第二十一条** 不能辨认自己行为的*成年人*为无民事行为能力人，由其法定代理人代理*实施民事法律行为*。 **八周岁以上的未成年人不能辨认自己行为的，适用前款规定**。 **第二十二条** 不能完全辨认自己行为的*成年人*为限制民事行为能力人，*实施民事法律行为*由其法定代理人代理或者经其法定代理人同意、**追认；但是，可以独立实施纯获**

续表

《民法通则》等相关法律	《民法典》总则编
	利益的民事法律行为或者与其智力、精神健康状况相适应的民事法律行为。
《民法通则》第十四条　无民事行为能力人、限制民事行为能力人的监护人是他的法定代理人。	**第二十三条**　无民事行为能力人、限制民事行为能力人的监护人是其法定代理人。
《民法通则》第十九条　*精神病*人的利害关系人，可以向人民法院申请宣告*精神病人*为无民事行为能力人或者限制民事行为能力人。 被人民法院宣告为无民事行为能力人或者限制民事行为能力人的，根据他健康恢复的状况，经本人或者利害关系人申请，人民法院可以宣告他为限制民事行为能力人或者完全民事行为能力人。	**第二十四条**　*不能辨认或者不能完全辨认自己行为的成年人*，其利害关系人或者**有关组织**，可以向人民法院申请认定该成年人为无民事行为能力人或者限制民事行为能力人。 被人民法院认定为无民事行为能力人或者限制民事行为能力人的，经本人、利害关系人或者**有关组织**申请，人民法院可以**根据其智力、精神**健康恢复的状况，**认定该成年人恢复**为限制民事行为能力人或者完全民事行为能力人。 **本条规定的有关组织包括：居民委员会、村民委员会、学校、医疗机构、妇女联合会、残疾人联合会、依法设立的老年人组织、民政部门等。**
《民法通则》第十五条　公民以他的*户籍所在地的居住地*为住所，经常*居住地*与住所不一致的，经常*居住地*视为住所。	**第二十五条**　*自然人*以*户籍*登记或者**其他有效身份登记**记载的居所为住所；经常*居所*与住所不一致的，经常*居所*视为住所。

续表

《民法通则》等相关法律	《民法典》总则编
	第二节 监 护
《婚姻法》第二十一条第一款 父母对子女有抚养教育的义务;子女对父母有赡养扶助的义务。	**第二十六条** 父母对**未成年**子女负有抚养、教育和**保护**的义务。 **成年**子女对父母负有赡养、扶助和**保护**的义务。
《民法通则》第十六条第一款、第二款 ~~未成年人的~~父母是未成年人的监护人。 未成年人的父母已经死亡或者没有监护能力的,由下列人员中有监护能力的人担任监护人: (一)祖父母、外祖父母; (二)兄、姐; (三)*关系密切的其他亲属、朋友愿意承担监护责任*,经~~未成年人的父、母的所在单位或者~~未成年人住所地的居民委员会、村民委员会同意的。	**第二十七条** 父母是未成年子女的监护人。 未成年人的父母已经死亡或者没有监护能力的,由下列有监护能力的人**按顺序**担任监护人: (一)祖父母、外祖父母; (二)兄、姐; (三)*其他愿意担任监护人的个人或者组织*,但是须经未成年人住所地的居民委员会、村民委员会或者**民政部门**同意。
《民法通则》第十七条第一款 无民事行为能力或者限制民事行为能力的*精神病人*,由下列人员担任监护人: (一)配偶; (二)父母; (三)~~成年~~子女; (四)其他近亲属; (五)*关系密切的其他亲属、朋友愿意承担监护责任*,经~~精神病人的所在单位或者~~住所地的居民委员会、村民委员会同意的。	**第二十八条** 无民事行为能力或者限制民事行为能力的成年人,由下列**有监护能力**的人**按顺序**担任监护人: (一)配偶; (二)父母、子女; (三)其他近亲属; (四)*其他愿意担任监护人的个人或者组织*,但是须经被监护人住所地的居民委员会、村民委员会或者**民政部门**同意。

续表

《民法通则》等相关法律	《民法典》总则编
	第二十九条　被监护人的父母担任监护人的，可以通过遗嘱指定监护人。
	第三十条　依法具有监护资格的人之间可以协议确定监护人。协议确定监护人应当尊重被监护人的真实意愿。
《民法通则》第十六条第三款　对*担任*监护人有争议的，由~~未成年人的父、母的所在单位或者~~未成年人住所地的居民委员会、村民委员会~~在近亲属中~~指定。*对指定不服提起诉讼的，由人民法院裁决。* **第十七条第二款**　对*担任*监护人有争议的，由~~精神病人的所在单位~~或者住所地的居民委员会、村民委员会在~~近亲属中~~指定。*对指定不服提起诉讼的，由人民法院裁决。*	**第三十一条**　对监护人*的确定*有争议的，由被监护人住所地的居民委员会、村民委员会或者**民政部**门指定监护人，有关当事人对指定不服的，*可以向人民法院申请指定监护人*；**有关当事人也可以直接向人民法院申请指定监护人。** **居民委员会、村民委员会、民政部门或者人民法院应当尊重被监护人的真实意愿，按照最有利于被监护人的原则在依法具有监护资格的人中指定监护人。** **依据本条第一款规定指定监护人前，被监护人的人身权利、财产权利以及其他合法权益处于无人保护状态的，由被监护人住所地的居民委员会、村民委员会、法律规定的有关组织或者民政部门担任临时监护人。** **监护人被指定后，不得擅自变更；擅自变更的，不免除被指定的监护人的责任。**

续表

《民法通则》等相关法律	《民法典》总则编
《民法通则》第十六条第四款 没有第一款、第二款规定的监护人的，由未成年人的父、母的所在单位或者未成年人住所地的居民委员会、村民委员会或者民政部门担任监护人。 **第十七条第三款** 没有第一款规定的监护人的，由精神病人的所在单位或者住所地的居民委员会、村民委员会或者民政部门担任监护人。	**第三十二条** 没有依法具有监护资格的人的，监护人由民政部门担任，也可以由具备履行监护职责条件的被监护人住所地的居民委员会、村民委员会担任。
《老年人权益保障法》第二十六条第一款 具备完全民事行为能力的**老年人**，可以在近亲属或者其他与自己关系密切、愿意承担监护责任的个人、组织中协商确定自己的监护人。监护人在老年人丧失或者部分丧失民事行为能力时，依法承担监护责任。	**第三十三条 具有完全民事行为能力的成年人，可以与其近亲属、其他愿意担任监护人的个人或者组织事先协商，以书面形式确定自己的监护人，在自己丧失或者部分丧失民事行为能力时，由该监护人履行监护职责。**
《民法通则》第十八条 监护人应当履行监护职责，保护被监护人的人身、财产及其他合法权益，除为被监护人的利益外，不得处理被监护人的财产。 监护人依法履行监护的权利，受法律保护。 监护人不履行监护职责或者侵害被监护人的合法权益的，应当承担责任；给被监护人造成财产损失的，应当赔偿损失。人民法院可以根据有关人员或者有关单位的申请，撤销	**第三十四条** 监护人的职责是**代理被监护人实施民事法律行为**，保护被监护人的人身权利、财产权利以及其他合法权益等。 监护人依法履行监护**职责产生**的权利，受法律保护。 监护人不履行监护职责或者侵害被监护人合法权益的，应当承担**法律**责任。 **因发生突发事件等紧急情况，监护人暂时无法履行监护职责，被监护人的生活处于无人照料状态**

续表

《民法通则》等相关法律	《民法典》总则编
~~监护人的资格。~~	的，被监护人住所地的居民委员会、村民委员会或者民政部门应当为被监护人安排必要的临时生活照料措施。
《民法通则》第十八条第一款 ……除为被监护人的利益外，不得处理被监护人的财产。	第三十五条　监护人应当按照最有利于被监护人的原则履行监护职责。监护人除为维护被监护人利益外，不得处分被监护人的财产。 未成年人的监护人履行监护职责，在作出与被监护人利益有关的决定时，应当根据被监护人的年龄和智力状况，尊重被监护人的真实意愿。 成年人的监护人履行监护职责，应当最大程度地尊重被监护人的真实意愿，保障并协助被监护人实施与其智力、精神健康状况相适应的民事法律行为。对被监护人有能力独立处理的事务，监护人不得干涉。
《民法通则》第十八条第三款 *监护人不履行监护职责或者侵害被监护人的合法权益的，应当承担责任；给被监护人造成财产损失的，应当赔偿损失。*人民法院可以根据*有关人员或者有关单位的*申请，撤销监护人的资格。	第三十六条　监护人有下列情形之一的，人民法院根据有关个人或者组织的申请，撤销其监护人资格，安排必要的临时监护措施，并按照最有利于被监护人的原则依法指定监护人： （一）实施严重损害被监护人身心健康的行为； （二）怠于履行监护职责，或者无法履行监护职责且拒绝将监护职

续表

《民法通则》等相关法律	《民法典》总则编
	责部分或者全部委托给他人，导致被监护人处于危困状态； （三）实施严重侵害被监护人合法权益的其他行为。 本条规定的有关个人、组织包括：其他依法具有监护资格的人，居民委员会、村民委员会、学校、医疗机构、妇女联合会、残疾人联合会、未成年人保护组织、依法设立的老年人组织、民政部门等。 前款规定的个人和民政部门以外的组织未及时向人民法院申请撤销监护人资格的，民政部门应当向人民法院申请。
	第三十七条　依法负担被监护人抚养费、赡养费、扶养费的父母、子女、配偶等，被人民法院撤销监护人资格后，应当继续履行负担的义务。
	第三十八条　被监护人的父母或者子女被人民法院撤销监护人资格后，除对被监护人实施故意犯罪的外，确有悔改表现的，经其申请，人民法院可以在尊重被监护人真实意愿的前提下，视情况恢复其监护人资格，人民法院指定的监护人与被监护人的监护关系同时终止。

续表

《民法通则》等相关法律	《民法典》总则编
	第三十九条　有下列情形之一的,监护关系终止: **(一)被监护人取得或者恢复完全民事行为能力;** **(二)监护人丧失监护能力;** **(三)被监护人或者监护人死亡;** **(四)人民法院认定监护关系终止的其他情形。** **监护关系终止后,被监护人仍然需要监护的,应当依法另行确定监护人。**
	第三节　宣告失踪和宣告死亡
《民法通则》第二十条第一款　公民下落不明满二年的,利害关系人可以向人民法院申请宣告*他*为失踪人。	**第四十条**　*自然*人下落不明满二年的,利害关系人可以向人民法院申请宣告*该自然*人为失踪人。
《民法通则》第二十条第二款　战争期间下落不明的,下落不明的时间从战争结束之日起计算。	**第四十一条　自然人下落不明的时间自其失去音讯之日起计算。**战争期间下落不明的,下落不明的时间自战争结束之日或者**有关机关确定的下落不明之日**起计算。
《民法通则》第二十一条第一款　失踪人的财产由他的配偶、父母、成年子女或者*关系密切的其他亲属、朋友*代管。代管有争议的,没有以上规定的人或者以上规定的人无能力代管的,由人民法院指定的人代管。	**第四十二条**　失踪人的财产由其配偶、成年子女、父母或者*其他愿意担任财产代管人的*人代管。 代管有争议,没有前款规定的人,或者前款规定的人无代管能力的,由人民法院指定的人代管。

续表

《民法通则》等相关法律	《民法典》总则编
《民法通则》第二十一条第二款 失踪人所欠税款、债务和应付的其他费用，由代管人从失踪人的财产中支付。	**第四十三条　财产代管人应当妥善管理失踪人的财产，维护其财产权益。** 失踪人所欠税款、债务和应付的其他费用，由财产代管人从失踪人的财产中支付。 **财产代管人因故意或者重大过失造成失踪人财产损失的，应当承担赔偿责任。**
	第四十四条　财产代管人不履行代管职责、侵害失踪人财产权益或者丧失代管能力的，失踪人的利害关系人可以向人民法院申请变更财产代管人。 **财产代管人有正当理由的，可以向人民法院申请变更财产代管人。** **人民法院变更财产代管人的，变更后的财产代管人有权请求原财产代管人及时移交有关财产并报告财产代管情况。**
《民法通则》第二十二条　~~被宣告~~失踪的人重新出现~~或者确知他的下落~~，经本人或者利害关系人申请，人民法院应当撤销对他的失踪宣告。	**第四十五条**　失踪人重新出现，经本人或者利害关系人申请，人民法院应当撤销失踪宣告。 **失踪人重新出现，有权请求财产代管人及时移交有关财产并报告财产代管情况。**

续表

《民法通则》等相关法律	《民法典》总则编
《民法通则》第二十三条　公民有下列情形之一的，利害关系人可以向人民法院申请宣告*他*死亡： （一）下落不明满四年*的*； （二）因意外事*故*下*落不明，从事故发生之日起满二年的*。 ~~战争期间下落不明的，下落不明的时间从战争结束之日起计算。~~	**第四十六条**　*自然*人有下列情形之一的，利害关系人可以向人民法院申请宣告*该自然人*死亡： （一）下落不明满四年； （二）因意外事*件*，下*落不明满二年*。 **因意外事件下落不明，经有关机关证明该自然人不可能生存的，申请宣告死亡不受二年时间的限制。**
	第四十七条　对同一自然人，有的利害关系人申请宣告死亡，有的利害关系人申请宣告失踪，符合本法规定的宣告死亡条件的，人民法院应当宣告死亡。
	第四十八条　被宣告死亡的人，人民法院宣告死亡的*判决作出之日*视为其死亡的日期；因意外事件下落不明宣告死亡的，意外事件发生之日视为其死亡的日期。
《民法通则》第二十四条第二款　*有民事行为能力人在被宣告死亡期间实施的民事法律行为有效*。	**第四十九条**　*自然人被宣告死亡但是并未死亡的，不影响该自然人在被宣告死亡期间实施的民事法律行为的效力*。
《民法通则》第二十四条第一款　被宣告死亡的人重新出现~~或者确知他没有死亡~~，经本人或者利害关系人申请，人民法院应当撤销~~对他的~~死亡宣告。	**第五十条**　被宣告死亡的人重新出现，经本人或者利害关系人申请，人民法院应当撤销死亡宣告。

续表

《民法通则》等相关法律	《民法典》总则编
	第五十一条　被宣告死亡的人的婚姻关系，自死亡宣告之日起消除。死亡宣告被撤销的，婚姻关系自撤销死亡宣告之日起自行恢复。但是，其配偶再婚或者向婚姻登记机关书面声明不愿意恢复的除外。
	第五十二条　被宣告死亡的人在被宣告死亡期间，其子女被他人依法收养的，在死亡宣告被撤销后，不得以未经本人同意为由主张收养行为无效。
《民法通则》第二十五条　被撤销死亡宣告的人有权请求返还财产。*依照继承法取得他的财产的公民或者组织，应当返还原物；原物不存在的，给予适当补偿。*	**第五十三条**　被撤销死亡宣告的人有权请求**依照本法第六编取得其财产的民事主体**返还财产；*无法返还的，应当给予适当补偿。* **利害关系人隐瞒真实情况，致使他人被宣告死亡而取得其财产的，除应当返还财产外，还应当对由此造成的损失承担赔偿责任。**
	第四节　个体工商户和农村承包经营户
《民法通则》第二十六条　公民~~在法律允许的范围内~~，依法经核准登记，从事工商业经营的，为个体工商户。个体工商户可以起字号。	**第五十四条**　*自然人*从事工商业经营，经依法登记，为个体工商户。个体工商户可以起字号。

续表

《民法通则》等相关法律	《民法典》总则编
《民法通则》第二十七条　农村集体经济组织的成员，*在法律允许的范围内，按照承包合同规定从事商品经营的*，为农村承包经营户。	**第五十五条**　农村集体经济组织的成员，*依法取得农村土地承包经营权，从事家庭承包经营的*，为农村承包经营户。
《民法通则》第二十九条　个体工商户~~、农村承包经营户~~的债务，个人经营的，以个人财产承担；家庭经营的，以家庭财产承担。	**第五十六条**　个体工商户的债务，个人经营的，以个人财产承担；家庭经营的，以家庭财产承担；**无法区分的，以家庭财产承担。** **农村承包经营户的债务，以从事农村土地承包经营的农户财产承担；事实上由农户部分成员经营的，以该部分成员的财产承担。**
	第三章　法　　人
	第一节　一般规定
《民法通则》第三十六条第一款　法人是具有民事权利能力和民事行为能力，依法独立享有民事权利和承担民事义务的组织。	**第五十七条**　法人是具有民事权利能力和民事行为能力，依法独立享有民事权利和承担民事义务的组织。
《民法通则》第三十七条　法人应当具备下列条件： （一）依法成立； （二）有~~必要的~~财产或者经费； （三）有自己的名称、组织机构和场所； ~~（四）能够独立承担民事责任。~~	**第五十八条**　法人应当依法成立。 法人应当有自己的名称、组织机构、*住所*、财产或者经费。**法人成立的具体条件和程序，依照法律、行政法规的规定。** **设立法人，法律、行政法规规定须经有关机关批准的，依照其规定。**

续表

《民法通则》等相关法律	《民法典》总则编
《民法通则》第三十六条第二款　法人的民事权利能力和民事行为能力，从法人成立时产生，到法人终止时消灭。	**第五十九条**　法人的民事权利能力和民事行为能力，从法人成立时产生，到法人终止时消灭。
《民法通则》第三十七条　……（四）能够独立承担民事责任。	**第六十条　法人以其全部财产**独立承担民事责任。
《民法通则》第三十八条　依照法律或者法人~~组织~~章程规定，代表法人*行使职权*的负责人，是法人的法定代表人。 **第四十三条**　~~企业~~法人对它的法定代表人和其他工作人员的经营活动，承担民事责任。 **《合同法》第五十条**　法人或者其他组织的法定代表人、负责人超越权限订立的合同，除相对人知道或者应当知道其超越权限的以外，该代表行为有效。	**第六十一条**　依照法律或者法人章程的规定，代表法人从事民事*活动*的负责人，为法人的法定代表人。 **法定代表人以法人名义从事的民事活动，其法律后果由法人承受。** **法人章程或者法人权力机构对法定代表人代表权的限制，不得对抗善意相对人。**
《民法通则》第四十三条　~~企业~~法人对它的法定代表人和其他工作人员的*经营活动*，承担民事责任。	**第六十二条**　法定代表人*因执行职务造成他人损害的*，由法人承担民事责任。 **法人承担民事责任后，依照法律或者法人章程的规定，可以向有过错的法定代表人追偿。**
《民法通则》第三十九条　法人以它的主要办事机构所在地为住所。	**第六十三条**　法人以其主要办事机构所在地为住所。**依法需要办理法人登记的，应当将主要办事机构所在地登记为住所。**

续表

《民法通则》等相关法律	《民法典》总则编
《民法通则》第四十四条第一款 企业法人分立、合并或者有其他重要事项变更，应当向登记机关办理登记并公告。	**第六十四条** 法人存续期间登记事项发生变化的，应当依法向登记机关申请变更登记。
	第六十五条　法人的实际情况与登记的事项不一致的，不得对抗善意相对人。
《民法通则》第四十四条第一款 企业法人分立、合并或者有其他重要事项变更，应当向登记机关办理登记并公告。	**第六十六条　登记机关应当依法及时公示法人登记的有关信息。**
《民法通则》第四十四条第二款 企业法人分立、合并，它的权利和义务由变更后的法人享有和承担。 **《公司法》第一百七十四条** 公司合并时，合并各方的债权、债务，应当由合并后存续的公司或者新设的公司承继。 **第一百七十六条** 公司分立前的债务由分立后的公司承担连带责任。但是，公司在分立前与债权人就债务清偿达成的书面协议另有约定的除外。	**第六十七条** 法人合并的，其权利和义务由合并后的法人享有和承担。 法人分立的，其权利和义务由分立后的法人享有连带债权，承担连带债务，**但是债权人和债务人另有约定的除外。**
《民法通则》第四十条 法人终止，应当依法进行清算，~~停止清算范围外的活动~~。 **第四十五条** 企业法人由于下列原因之一终止： （一）~~依法被撤销~~；	**第六十八条** 有下列原因之一并依法完成清算、**注销登记的**，法人终止： （一）法人解散； （二）法人被宣告破产； （三）法律规定的其他原因。

续表

《民法通则》等相关法律	《民法典》总则编
（二）解散； （三）依法宣告破产； （四）其他原因。 **第四十六条**　企业法人终止，应当向登记机关办理注销登记并公告。	**法人终止，法律、行政法规规定须经有关机关批准的，依照其规定。**
《公司法》第一百八十条　公司因下列原因解散： （一）公司章程规定的营业期限届满或者公司章程规定的其他解散事由出现； （二）股东会或者股东大会决议解散； （三）因公司合并或者分立需要解散； （四）依法被吊销营业执照、责令关闭或者被撤销； （五）人民法院依照本法第一百八十二条的规定予以解散。	**第六十九条**　有下列情形之一的，法人解散： （一）法人章程规定的存续期间届满或者法人章程规定的其他解散事由出现； （二）法人的权力机构决议解散； （三）因法人合并或者分立需要解散； （四）法人依法被吊销营业执照、登记证书，被责令关闭或者被撤销； （五）法律规定的其他情形。
《民法通则》第四十七条　~~企业~~法人解散，应当成立清算组织，进行清算。~~企业~~法人被撤销、被宣告破产的，应当由主管机关或者人民法院组织有关机关和有关人员成立清算组织，进行清算。 **《公司法》第一百八十三条**　公司因本法第一百八十条第（一）项、第（二）项、第（四）项、第（五）项规定而解散的，应当在解散事由出现之日起十五日内成立清算组，开始清算。有限责任公司的清算组由股东组成，股	**第七十条**　法人解散的，**除合并或者分立的情形外**，清算义务人应当**及时**组成清算组进行清算。 **法人的董事、理事等执行机构或者决策机构的成员为清算义务人。法律、行政法规另有规定的，依照其规定。** **清算义务人未及时履行清算义务，造成损害的，应当承担民事责任；主管机关或者利害关系人可以申请人民法院指定有关人员组成清算组进行清算。**

续表

《民法通则》等相关法律	《民法典》总则编
份有限公司的清算组由董事或者股东大会确定的人员组成。逾期不成立清算组进行清算的，债权人可以申请人民法院指定有关人员组成清算组进行清算。人民法院应当受理该申请，并及时组织清算组进行清算。 **第一百八十九条**　清算组成员应当忠于职守，依法履行清算义务。 清算组成员不得利用职权收受贿赂或者其他非法收入，不得侵占公司财产。 清算组成员因故意或者重大过失给公司或者债权人造成损失的，应当承担赔偿责任。	
《公司法》第一百八十四条　清算组在清算期间行使下列职权： （一）清理公司财产，分别编制资产负债表和财产清单； （二）通知、公告债权人； （三）处理与清算有关的公司未了结的业务； （四）清缴所欠税款以及清算过程中产生的税款； （五）清理债权、债务； （六）处理公司清偿债务后的剩余财产； （七）代表公司参与民事诉讼活动。 **第一百八十五条**　清算组应当自成立之日起十日内通知债权人，并	**第七十一条　法人的清算程序和清算组职权，依照有关法律的规定；没有规定的，参照适用公司法律的有关规定。**

续表

《民法通则》等相关法律	《民法典》总则编
于六十日内在报纸上公告。债权人应当自接到通知书之日起三十日内，未接到通知书的自公告之日起四十五日内，向清算组申报其债权。 债权人申报债权，应当说明债权的有关事项，并提供证明材料。清算组应当对债权进行登记。 在申报债权期间，清算组不得对债权人进行清偿。 **第一百八十六条第一款**　清算组在清理公司财产、编制资产负债表和财产清单后，应当制定清算方案，并报股东会、股东大会或者人民法院确认。 **第一百八十七条**　清算组在清理公司财产、编制资产负债表和财产清单后，发现公司财产不足清偿债务的，应当依法向人民法院申请宣告破产。 公司经人民法院裁定宣告破产后，清算组应当将清算事务移交给人民法院。 **第一百八十九条**　清算组成员应当忠于职守，依法履行清算义务。 清算组成员不得利用职权收受贿赂或者其他非法收入，不得侵占公司财产。 清算组成员因故意或者重大过失给公司或者债权人造成损失的，应当承担赔偿责任。	

续表

《民法通则》等相关法律	《民法典》总则编
《民法通则》第四十条 *法人终止，应当依法进行清算，停止清算范围外的活动。* **第四十六条** *企业法人终止，应当向登记机关办理注销登记并公告。* **《公司法》第一百八十六条第二款、第三款** 公司财产在分别支付清算费用、职工的工资、社会保险费用和法定补偿金，缴纳所欠税款，清偿公司债务后的剩余财产，有限责任公司按照股东的出资比例分配，股份有限公司按照股东持有的股份比例分配。 清算期间，公司存续，但不得开展与清算无关的经营活动。公司财产在未依照前款规定清偿前，不得分配给股东。	**第七十二条** *清算期间法人存续，但是不得从事与清算无关的活动。* **法人清算后的剩余财产，按照法人章程的规定或者法人权力机构的决议处理。法律另有规定的，依照其规定。** *清算结束并完成法人注销登记时，法人终止；***依法不需要办理法人登记的，清算结束时，法人终止。**
《企业破产法》第二条 企业法人不能清偿到期债务，并且资产不足以清偿全部债务或者明显缺乏清偿能力的，依照本法规定清理债务。 企业法人有前款规定情形，或者有明显丧失清偿能力可能的，可以依照本法规定进行重整。 **《公司法》第一百九十条** 公司被依法宣告破产的，依照有关企业破产的法律实施破产清算。	**第七十三条** 法人被宣告破产的，依法进行破产清算并完成法人注销登记时，法人终止。

续表

《民法通则》等相关法律	《民法典》总则编
《公司法》第十四条　公司可以设立分公司。设立分公司，应当向公司登记机关申请登记，领取营业执照。分公司不具有法人资格，其民事责任由公司承担。 公司可以设立子公司，子公司具有法人资格，依法独立承担民事责任。	**第七十四条**　法人可以依法设立分支机构。法律、行政法规规定分支机构应当登记的，依照其规定。 **分支机构以自己的名义从事民事活动，产生的民事责任由法人承担；也可以先以该分支机构管理的财产承担，不足以承担的，由法人承担。**
	第七十五条　设立人为设立法人从事的民事活动，其法律后果由法人承受；法人未成立的，其法律后果由设立人承受，设立人为二人以上的，享有连带债权，承担连带债务。 **设立人为设立法人以自己的名义从事民事活动产生的民事责任，第三人有权选择请求法人或者设立人承担。**
	第二节　营利法人
	注 本节规定与《公司法》及相关司法解释规定联系较多，由于《公司法》并不在《民法典》之内，属于特别法，故仅将《公司法》的相关内容详细列出，但不再进行详细比较。
	第七十六条　以取得利润并分配给股东等出资人为目的成立的法人，为营利法人。 **营利法人包括有限责任公司、股份有限公司和其他企业法人等。**

续表

《民法通则》等相关法律	《民法典》总则编
《民法通则》第四十一条　全民所有制企业、集体所有制企业有符合国家规定的资金数额，*有组织章程、组织机构和场所，能够独立承担民事责任，经主管机关核准登记*，取得法人资格。 在中华人民共和国领域内设立的中外合资经营企业、中外合作经营企业和外资企业，具备法人条件的，依法经工商行政管理机关核准登记，取得中国法人资格。 **《公司法》第六条**　设立公司，应当依法向公司登记机关申请设立登记。符合本法规定的设立条件的，由公司登记机关分别登记为有限责任公司或者股份有限公司；不符合本法规定的设立条件的，不得登记为有限责任公司或者股份有限公司。 法律、行政法规规定设立公司必须报经批准的，应当在公司登记前依法办理批准手续。 公众可以向公司登记机关申请查询公司登记事项，公司登记机关应当提供查询服务。	**第七十七条　营利法人经依法登记成立。**
《民法通则》第四十二条　企业法人应当在核准登记的经营范围内从事经营。 **《公司法》第七条**　依法设立的公司，由公司登记机关发给公司营业执照。公司营业执照签发日期为公	**第七十八条　依法设立的营利法人，由登记机关发给营利法人营业执照。营业执照签发日期为营利法人的成立日期。**

续表

《民法通则》等相关法律	《民法典》总则编
司成立日期。 公司营业执照应当载明公司的名称、住所、注册资本、经营范围、法定代表人姓名等事项。 公司营业执照记载的事项发生变更的，公司应当依法办理变更登记，由公司登记机关换发营业执照。	
《公司法》第十一条　设立公司必须依法制定公司章程。公司章程对公司、股东、董事、监事、高级管理人员具有约束力。	**第七十九条　设立营利法人应当依法制定法人章程。**
《公司法》第三十六条　有限责任公司股东会由全体股东组成。股东会是公司的权力机构，依照本法行使职权。 **第三十七条**　股东会行使下列职权： （一）决定公司的经营方针和投资计划； （二）选举和更换非由职工代表担任的董事、监事，决定有关董事、监事的报酬事项； （三）审议批准董事会的报告； （四）审议批准监事会或者监事的报告； （五）审议批准公司的年度财务预算方案、决算方案； （六）审议批准公司的利润分配方案和弥补亏损方案； （七）对公司增加或者减少注册	**第八十条　营利法人应当设权力机构。** **权力机构行使修改法人章程，选举或者更换执行机构、监督机构成员，以及法人章程规定的其他职权。**

续表

《民法通则》等相关法律	《民法典》总则编
资本作出决议； （八）对发行公司债券作出决议； （九）对公司合并、分立、解散、清算或者变更公司形式作出决议； （十）修改公司章程； （十一）公司章程规定的其他职权。 对前款所列事项股东以书面形式一致表示同意的，可以不召开股东会会议，直接作出决定，并由全体股东在决定文件上签名、盖章。 **第九十八条**　股份有限公司股东大会由全体股东组成。股东大会是公司的权力机构，依照本法行使职权。 **第九十九条**　本法第三十七条第一款关于有限责任公司股东会职权的规定，适用于股份有限公司股东大会。	
《公司法》第十三条　公司法定代表人依照公司章程的规定，由董事长、执行董事或者经理担任，并依法登记。公司法定代表人变更，应当办理变更登记。 **第四十四条**　有限责任公司设董事会，其成员为三人至十三人；但是，本法第五十条另有规定的除外。 两个以上的国有企业或者两个以上的其他国有投资主体投资设立的有限责任公司，其董事会成员中应当有公司职工代表；其他有限责任公	**第八十一条　营利法人应当设执行机构。** **执行机构行使召集权力机构会议，决定法人的经营计划和投资方案，决定法人内部管理机构的设置，以及法人章程规定的其他职权。** **执行机构为董事会或者执行董事的，董事长、执行董事或者经理按照法人章程的规定担任法定代表人；未设董事会或者执行董事的，法人章程规定的主要负责人为其执行机构和法定代表人。**

续表

《民法通则》等相关法律	《民法典》总则编
司董事会成员中可以有公司职工代表。董事会中的职工代表由公司职工通过职工代表大会、职工大会或者其他形式民主选举产生。 董事会设董事长一人,可以设副董事长。董事长、副董事长的产生办法由公司章程规定。 **第四十六条**　董事会对股东会负责,行使下列职权: (一)召集股东会会议,并向股东会报告工作; (二)执行股东会的决议; (三)决定公司的经营计划和投资方案; (四)制订公司的年度财务预算方案、决算方案; (五)制订公司的利润分配方案和弥补亏损方案; (六)制订公司增加或者减少注册资本以及发行公司债券的方案; (七)制订公司合并、分立、解散或者变更公司形式的方案; (八)决定公司内部管理机构的设置; (九)决定聘任或者解聘公司经理及其报酬事项,并根据经理的提名决定聘任或者解聘公司副经理、财务负责人及其报酬事项; (十)制定公司的基本管理制度; (十一)公司章程规定的其他职权。	

续表

《民法通则》等相关法律	《民法典》总则编
第一百零八条　股份有限公司设董事会，其成员为五人至十九人。 董事会成员中可以有公司职工代表。董事会中的职工代表由公司职工通过职工代表大会、职工大会或者其他形式民主选举产生。 本法第四十五条关于有限责任公司董事任期的规定，适用于股份有限公司董事。 本法第四十六条关于有限责任公司董事会职权的规定，适用于股份有限公司董事会。	
《公司法》第五十一条　有限责任公司设监事会，其成员不得少于三人。股东人数较少或者规模较小的有限责任公司，可以设一至二名监事，不设监事会。 监事会应当包括股东代表和适当比例的公司职工代表，其中职工代表的比例不得低于三分之一，具体比例由公司章程规定。监事会中的职工代表由公司职工通过职工代表大会、职工大会或者其他形式民主选举产生。 监事会设主席一人，由全体监事过半数选举产生。监事会主席召集和主持监事会会议；监事会主席不能履行职务或者不履行职务的，由半数以上监事共同推举一名监事召集和主持监事会会议。	**第八十二条　营利法人设监事会或者监事等监督机构的，监督机构依法行使检查法人财务，监督执行机构成员、高级管理人员执行法人职务的行为，以及法人章程规定的其他职权。**

续表

《民法通则》等相关法律	《民法典》总则编
董事、高级管理人员不得兼任监事。 **第五十三条** 监事会、不设监事会的公司的监事行使下列职权： （一）检查公司财务； （二）对董事、高级管理人员执行公司职务的行为进行监督，对违反法律、行政法规、公司章程或者股东会决议的董事、高级管理人员提出罢免的建议； （三）当董事、高级管理人员的行为损害公司的利益时，要求董事、高级管理人员予以纠正； （四）提议召开临时股东会会议，在董事会不履行本法规定的召集和主持股东会会议职责时召集和主持股东会会议； （五）向股东会会议提出提案； （六）依照本法第一百五十一条的规定，对董事、高级管理人员提起诉讼； （七）公司章程规定的其他职权。	
《公司法》第二十条 公司股东应当遵守法律、行政法规和公司章程，依法行使股东权利，不得滥用股东权利损害公司或者其他股东的利益；不得滥用公司法人独立地位和股东有限责任损害公司债权人的利益。 公司股东滥用股东权利给公司或者其他股东造成损失的，应当依法	**第八十三条 营利法人的出资人不得滥用出资人权利损害法人或者其他出资人的利益；滥用出资人权利造成法人或者其他出资人损失的，应当依法承担民事责任。** **营利法人的出资人不得滥用法人独立地位和出资人有限责任损害法人债权人的利益；滥用法人独立**

续表

《民法通则》等相关法律	《民法典》总则编
承担赔偿责任。 　　公司股东滥用公司法人独立地位和股东有限责任，逃避债务，严重损害公司债权人利益的，应当对公司债务承担连带责任。	**地位和出资人有限责任，逃避债务，严重损害法人债权人的利益的，应当对法人债务承担连带责任。**
《公司法》第二十一条　公司的控股股东、实际控制人、董事、监事、高级管理人员不得利用其关联关系损害公司利益。 　　违反前款规定，给公司造成损失的，应当承担赔偿责任。 　　**第二百一十六条**　本法下列用语的含义： 　　（一）高级管理人员，是指公司的经理、副经理、财务负责人，上市公司董事会秘书和公司章程规定的其他人员。 　　（二）控股股东，是指其出资额占有限责任公司资本总额百分之五十以上或者其持有的股份占股份有限公司股本总额百分之五十以上的股东；出资额或者持有股份的比例虽然不足百分之五十，但依其出资额或者持有的股份所享有的表决权已足以对股东会、股东大会的决议产生重大影响的股东。 　　（三）实际控制人，是指虽不是公司的股东，但通过投资关系、协议或者其他安排，能够实际支配公司行为的人。	**第八十四条　营利法人的控股出资人、实际控制人、董事、监事、高级管理人员不得利用其关联关系损害法人的利益；利用关联关系造成法人损失的，应当承担赔偿责任。**

续表

《民法通则》等相关法律	《民法典》总则编
（四）关联关系，是指公司控股股东、实际控制人、董事、监事、高级管理人员与其直接或者间接控制的企业之间的关系，以及可能导致公司利益转移的其他关系。但是，国家控股的企业之间不仅因为同受国家控股而具有关联关系。	
《公司法》第二十二条 公司股东会或者股东大会、董事会的决议内容违反法律、行政法规的无效。 股东会或者股东大会、董事会的会议召集程序、表决方式违反法律、行政法规或者公司章程，或者决议内容违反公司章程的，股东可以自决议作出之日起六十日内，请求人民法院撤销。 股东依照前款规定提起诉讼的，人民法院可以应公司的请求，要求股东提供相应担保。 公司根据股东会或者股东大会、董事会决议已办理变更登记的，人民法院宣告该决议无效或者撤销该决议后，公司应当向公司登记机关申请撤销变更登记。	**第八十五条　营利法人的权力机构、执行机构作出决议的会议召集程序、表决方式违反法律、行政法规、法人章程，或者决议内容违反法人章程的，营利法人的出资人可以请求人民法院撤销该决议。但是，营利法人依据该决议与善意相对人形成的民事法律关系不受影响。**
《公司法》第五条 公司从事经营活动，必须遵守法律、行政法规，遵守社会公德、商业道德，诚实守信，接受政府和社会公众的监督，承担社会责任。 公司的合法权益受法律保护，不受侵犯。	**第八十六条　营利法人从事经营活动，应当遵守商业道德，维护交易安全，接受政府和社会的监督，承担社会责任。**

续表

《民法通则》等相关法律	《民法典》总则编
	第三节　非营利法人
	第八十七条　为公益目的或者其他非营利目的成立，不向出资人、设立人或者会员分配所取得利润的法人，为非营利法人。 **非营利法人包括事业单位、社会团体、基金会、社会服务机构等。**
《民法通则》第五十条第二款　*具备法人条件的事业单位、社会团体，依法不需要办理法人登记的，从成立之日起，具有法人资格；依法需要办理法人登记的，经核准登记，取得法人资格。*	**第八十八条**　*具备法人条件，为适应经济社会发展需要，提供公益服务设立的事业单位，经依法登记成立，取得事业单位法人资格；依法不需要办理法人登记的，从成立之日起，具有事业单位法人资格。*
	第八十九条　事业单位法人设理事会的，除法律另有规定外，理事会为其决策机构。事业单位法人的法定代表人依照法律、行政法规或者法人章程的规定产生。
《民法通则》第五十条第二款　*具备法人条件的事业单位、社会团体，依法不需要办理法人登记的，从成立之日起，具有法人资格；依法需要办理法人登记的，经核准登记，取得法人资格。*	**第九十条**　*具备法人条件，基于会员共同意愿，为公益目的或者会员共同利益等非营利目的设立的社会团体，经依法登记成立，取得社会团体法人资格；依法不需要办理法人登记的，从成立之日起，具有社会团体法人资格。*

续表

《民法通则》等相关法律	《民法典》总则编
	第九十一条　设立社会团体法人应当依法制定法人章程。 社会团体法人应当设会员大会或者会员代表大会等权力机构。 社会团体法人应当设理事会等执行机构。理事长或者会长等负责人按照法人章程的规定担任法定代表人。
	第九十二条　具备法人条件，为公益目的以捐助财产设立的基金会、社会服务机构等，经依法登记成立，取得捐助法人资格。 依法设立的宗教活动场所，具备法人条件的，可以申请法人登记，取得捐助法人资格。法律、行政法规对宗教活动场所有规定的，依照其规定。
	第九十三条　设立捐助法人应当依法制定法人章程。 捐助法人应当设理事会、民主管理组织等决策机构，并设执行机构。理事长等负责人按照法人章程的规定担任法定代表人。 捐助法人应当设监事会等监督机构。

续表

《民法通则》等相关法律	《民法典》总则编
	第九十四条　捐助人有权向捐助法人查询捐助财产的使用、管理情况，并提出意见和建议，捐助法人应当及时、如实答复。 捐助法人的决策机构、执行机构或者法定代表人作出决定的程序违反法律、行政法规、法人章程，或者决定内容违反法人章程的，捐助人等利害关系人或者主管机关可以请求人民法院撤销该决定。但是，捐助法人依据该决定与善意相对人形成的民事法律关系不受影响。
	第九十五条　为公益目的成立的非营利法人终止时，不得向出资人、设立人或者会员分配剩余财产。剩余财产应当按照法人章程的规定或者权力机构的决议用于公益目的；无法按照法人章程的规定或者权力机构的决议处理的，由主管机关主持转给宗旨相同或者相近的法人，并向社会公告。
	第四节　特别法人
	第九十六条　本节规定的机关法人、农村集体经济组织法人、城镇农村的合作经济组织法人、基层群众性自治组织法人，为特别法人。

续表

《民法通则》等相关法律	《民法典》总则编
《民法通则》第五十条第一款 有独立经费的机关从成立之日起，具有法人资格。	**第九十七条** 有独立经费的机关**和承担行政职能的法定机构**从成立之日起，具有机关法人资格，**可以从事为履行职能所需要的民事活动**。
	第九十八条 机关法人被撤销的，法人终止，其民事权利和义务由继任的机关法人享有和承担；没有继任的机关法人的，由作出撤销决定的机关法人享有和承担。
	第九十九条 农村集体经济组织依法取得法人资格。 **法律、行政法规对农村集体经济组织有规定的，依照其规定。**
《农民专业合作社法》第五条 农民专业合作社依照本法登记，取得法人资格。 农民专业合作社对由成员出资、公积金、国家财政直接补助、他人捐赠以及合法取得的其他资产所形成的财产，享有占有、使用和处分的权利，并以上述财产对债务承担责任。	**第一百条 城镇农村的合作经济组织依法取得法人资格。** **法律、行政法规对城镇农村的合作经济组织有规定的，依照其规定。**
	第一百零一条 居民委员会、村民委员会具有基层群众性自治组织法人资格，可以从事为履行职能所需要的民事活动。 **未设立村集体经济组织的，村民委员会可以依法代行村集体经济组织的职能。**

续表

《民法通则》等相关法律	《民法典》总则编
	第四章　非法人组织 注 相较于《民法通则》，本章内容亦几乎为新增。
	第一百零二条　非法人组织是不具有法人资格，但是能够依法以自己的名义从事民事活动的组织。 非法人组织包括个人独资企业、合伙企业、不具有法人资格的专业服务机构等。
	第一百零三条　非法人组织应当依照法律的规定登记。 设立非法人组织，法律、行政法规规定须经有关机关批准的，依照其规定。
	第一百零四条　非法人组织的财产不足以清偿债务的，其出资人或者设立人承担无限责任。法律另有规定的，依照其规定。
	第一百零五条　非法人组织可以确定一人或者数人代表该组织从事民事活动。
	第一百零六条　有下列情形之一的，非法人组织解散： （一）章程规定的存续期间届满或者章程规定的其他解散事由出现； （二）出资人或者设立人决定解散； （三）法律规定的其他情形。

续表

《民法通则》等相关法律	《民法典》总则编
	第一百零七条　非法人组织解散的，应当依法进行清算。
	第一百零八条　非法人组织除适用本章规定外，参照适用本编第三章第一节的有关规定。
	第五章　民 事 权 利
	第一百零九条　自然人的人身自由、人格尊严受法律保护。
《侵权责任法》第二条　*侵害民事权益，应当依照本法承担侵权责任。* *本法所称民事权益，包括生命权、健康权、姓名权、名誉权、荣誉权、肖像权、隐私权、婚姻自主权、监护权、所有权、用益物权、担保物权、著作权、专利权、商标专用权、发现权、股权、继承权等人身、财产权益。*	第一百一十条　*自然人享有生命权、身体权、健康权、姓名权、肖像权、名誉权、荣誉权、隐私权、婚姻自主权等权利。* *法人、非法人组织享有名称权、名誉权和荣誉权。*
	第一百一十一条　自然人的个人信息受法律保护。任何组织或者个人需要获取他人个人信息的，应当依法取得并确保信息安全，不得非法收集、使用、加工、传输他人个人信息，不得非法买卖、提供或者公开他人个人信息。
	第一百一十二条　自然人因婚姻家庭关系等产生的人身权利受法律保护。

续表

《民法通则》等相关法律	《民法典》总则编
	第一百一十三条　民事主体的财产权利受法律平等保护。
《物权法》第二条第三款　本法所称物权,是指权利人依法对特定的物享有直接支配和排他的权利,包括所有权、用益物权和担保物权。	**第一百一十四条　民事主体依法享有物权。** 物权是权利人依法对特定的物享有直接支配和排他的权利,包括所有权、用益物权和担保物权。
《物权法》第二条第二款　本法所称物,包括不动产和动产。法律规定权利作为物权客体的,依照其规定。	**第一百一十五条**　物包括不动产和动产。法律规定权利作为物权客体的,依照其规定。
《物权法》第五条　物权的种类和内容,由法律规定。	**第一百一十六条**　物权的种类和内容,由法律规定。
	第一百一十七条　为了公共利益的需要,依照法律规定的权限和程序征收、征用不动产或者动产的,应当给予公平、合理的补偿。
《民法通则》第八十四条　*债是按照合同的约定或者依照法律的规定,在当事人之间产生的特定的权利和义务关系,享有权利的人是债权人,负有义务的人是债务人。* *债权人有权要求债务人按照合同的约定或者依照法律的规定履行义务。*	**第一百一十八条**　*民事主体依法享有债权。* *债权是因*合同、侵权行为、无因管理、不当得利*以及法律的其他规定,权利人请求特定义务人为或者不为一定行为的权利。*

续表

《民法通则》等相关法律	《民法典》总则编
《民法通则》第八十五条　合同是当事人之间设立、变更、终止民事关系的协议。依法成立的合同,受法律保护。 **《合同法》第四十四条**　依法成立的合同,自成立时生效。 法律、行政法规规定应当办理批准、登记等手续生效的,依照其规定。	**第一百一十九条**　依法成立的合同,*对当事人具有法律约束力*。
	第一百二十条　民事权益受到侵害的,被侵权人有权请求侵权人承担侵权责任。
《民法通则》第九十三条　没有法定的或者约定的义务,为避免他人利益受损失进行管理~~或者服务的~~,有权要求受益人偿付由此而支付的必要费用。	**第一百二十一条**　没有法定的或者约定的义务,为避免他人利益受损失而进行管理**的人**,有权请求受益人偿还由此支出的必要费用。
《民法通则》第九十二条　*没有合法根据*,取得不当利益,*造成他人损失的,应当将取得的不当利益返还受损失的人*。	**第一百二十二条**　*因他人没有法律根据*,取得不当利益,*受损失的人有权请求其返还不当利益*。
《民法通则》第九十四条　公民、法人享有著作权(版权),依法有署名、发表、出版、获得报酬等权利。 **第九十五条**　公民、法人依法取得的专利权受法律保护。 **第九十六条**　法人、个体工商户、个人合伙依法取得的商标专用权受法律保护。 **第九十七条**　公民对自己的发	**第一百二十三条**　民事主体依法享有知识产权。 知识产权是权利人依法就下列客体享有的专有的权利: (一)作品; (二)发明、实用新型、外观设计; (三)商标; (四)地理标志;

续表

《民法通则》等相关法律	《民法典》总则编
现享有发现权。发现人有权申请领取发现证书、奖金或者其他奖励。 公民对自己的发明或者其他科技成果，有权申请领取荣誉证书、奖金或者其他奖励。	（五）商业秘密； （六）集成电路布图设计； （七）植物新品种； （八）法律规定的其他客体。
《民法通则》第七十六条　公民依法享有财产继承权。	**第一百二十四条**　*自然人依法享有继承权。* **自然人合法的私有财产，可以依法继承。**
	第一百二十五条　民事主体依法享有股权和其他投资性权利。
	第一百二十六条　民事主体享有法律规定的其他民事权利和利益。
	第一百二十七条　法律对数据、网络虚拟财产的保护有规定的，依照其规定。
《民法通则》第一百零四条　*婚姻、家庭、老人、母亲和儿童受法律保护。* *残疾人的合法权益受法律保护。*	**第一百二十八条**　*法律对未成年人、老年人、残疾人、妇女、消费者等的民事权利保护有特别规定的，依照其规定。*
	第一百二十九条　民事权利可以依据民事法律行为、事实行为、法律规定的事件或者法律规定的其他方式取得。

续表

《民法通则》等相关法律	《民法典》总则编
	第一百三十条　民事主体按照自己的意愿依法行使民事权利，不受干涉。
	第一百三十一条　民事主体行使权利时，应当履行法律规定的和当事人约定的义务。
	第一百三十二条　民事主体不得滥用民事权利损害国家利益、社会公共利益或者他人合法权益。
	第六章　民事法律行为
	第一节　一 般 规 定
《民法通则》第五十四条　民事法律行为是公民或者法人设立、变更、终止民事权利和民事义务的合法行为。	**第一百三十三条**　民事法律行为是民事主体通过意思表示设立、变更、终止民事法律关系的行为。
	第一百三十四条　民事法律行为可以基于双方或者多方的意思表示一致成立，也可以基于单方的意思表示成立。 **法人、非法人组织依照法律或者章程规定的议事方式和表决程序作出决议的，该决议行为成立。**

续表

《民法通则》等相关法律	《民法典》总则编
《民法通则》第五十六条　民事法律行为可以采取书面形式、口头形式或者其他形式。法律规定用特定形式的，应当依照法律规定。 **《合同法》第十条**　当事人订立合同，有书面形式、口头形式和其他形式。 法律、行政法规规定采用书面形式的，应当采用书面形式。当事人约定采用书面形式的，应当采用书面形式。	**第一百三十五条**　民事法律行为可以采用书面形式、口头形式或者其他形式；法律、**行政法规**规定或者**当事人约定**采用特定形式的，应当采用特定形式。
《民法通则》第五十七条　民事法律行为从成立时*起具有法律约束力*。行为人非依法律规定或者取得对方同意，不得擅自变更或者解除。 **《合同法》第四十四条**　依法成立的合同，自成立时生效。 法律、行政法规规定应当办理批准、登记等手续生效的，依照其规定。	**第一百三十六条**　民事法律行为自成立时生效，**但是法律另有规定或者当事人另有约定的除外**。 行为人非依法律规定或者未经对方同意，不得擅自变更或者解除**民事法律行为**。
	第二节　意 思 表 示
《合同法》第十六条　要约到达受要约人时生效。 采用数据电文形式订立合同，收件人指定特定系统接收数据电文的，该数据电文进入该特定系统的时间，视为到达时间；未指定特定系统的，*该数据电文进入收件人的任何系统的首次时间，视为到达时间*。 **第二十六条**　承诺通知到达要约人时生效。承诺不需要通知的，根	**第一百三十七条　以对话方式作出的意思表示，相对人知道其内容时生效。** **以非对话方式作出的意思表示**，到达相对人时生效。以非对话方式作出的采用数据电文形式的意思表示，相对人指定特定系统接收数据电文的，该数据电文进入该特定系统时生效；未指定特定系统的，*相对人知道或者应当知道该数据电*

续表

《民法通则》等相关法律	《民法典》总则编
据交易习惯或者要约的要求作出承诺的行为时生效。 采用数据电文形式订立合同的，承诺到达的时间适用本法第十六条第二款的规定。	*文进入其系统时生效*。**当事人对采用数据电文形式的意思表示的生效时间另有约定的，按照其约定。**
	第一百三十八条　无相对人的意思表示，表示完成时生效。法律另有规定的，依照其规定。
	第一百三十九条　以公告方式作出的意思表示，公告发布时生效。
《合同法》第二十二条　承诺应当以通知的方式作出，但根据交易习惯或者要约表明可以通过行为作出承诺的除外。	**第一百四十条　行为人可以明示或者默示作出意思表示。** **沉默只有在有法律规定、当事人约定或者符合当事人之间的交易习惯时，才可以视为意思表示。**
《合同法》第十七条　要约可以撤回。撤回要约的通知应当在要约到达受要约人之前或者与要约同时到达受要约人。 **第二十七条**　*承诺*可以撤回。撤回*承诺*的通知应当在承诺通知到达要约人之前或者与*承诺*通知同时到达要约人。	**第一百四十一条**　行为人可以撤回*意思表示*。撤回*意思表示*的通知应当在*意思表示*到达*相对人*前或者与*意思表示*同时到达*相对人*。
《合同法》第一百二十五条　当*事人对合同条款的理解有争议的*，应当按照合同所使用的词句、*合同的有关条款*、*合同的目的*、交易习惯以及诚实信用原则，*确定该条款的真实意思*。	**第一百四十二条**　*有相对人的意思表示的解释*，应当按照所使用的词句，结合相关条款、*行为的性质和目的*、习惯以及诚信原则，*确定意思表示的含义*。

续表

《民法通则》等相关法律	《民法典》总则编
合同文本采用两种以上文字订立并约定具有同等效力的，对各文本使用的词句推定具有相同含义。各文本使用的词句不一致的，应当根据合同的目的予以解释。	**无相对人的意思表示的解释，不能完全拘泥于所使用的词句，而应当结合相关条款、行为的性质和目的、习惯以及诚信原则，确定行为人的真实意思。**
	第三节　民事法律行为的效力
《民法通则》第五十五条　民事法律行为应当具备下列条件： （一）行为人具有相应的民事行为能力； （二）意思表示真实； （三）不违反法律~~或者社会公共利益~~。	**第一百四十三条**　具备下列条件的民事法律行为有效： （一）行为人具有相应的民事行为能力； （二）意思表示真实； （三）不违反法律、**行政法规的强制性规定，不违背公序良俗**。
《民法通则》第五十八条　下列民事行为无效： （一）无民事行为能力人实施的 ……	**第一百四十四条**　无民事行为能力人实施的民事法律行为无效。
《民法通则》第五十八条　下列民事行为无效： …… （二）限制民事行为能力人依法不能独立实施的； …… **《合同法》第四十七条**　限制民事行为能力人订立的合同，经法定代理人追认后，该合同有效，但纯获利益的合同或者与其年龄、智力、精神健康状况相适应而订立的合同，不必经法定代理人追认。	**第一百四十五条**　限制民事行为能力人实施的纯获利益的民事法律行为或者与其年龄、智力、精神健康状况相适应的民事法律行为有效；实施的其他民事法律行为经法定代理人同意或者追认后有效。 相对人可以催告法定代理人自收到通知之日起**三十日**内予以追认。法定代理人未作表示的，视为拒绝追认。民事法律行为被追认前，善意相对人有撤销的权利。撤销应当以通知的方式作出。

续表

《民法通则》等相关法律	《民法典》总则编
相对人可以催告法定代理人在一个月内予以追认。法定代理人未作表示的,视为拒绝追认。合同被追认之前,善意相对人有撤销的权利。撤销应当以通知的方式作出。	
《合同法》第五十二条　有下列情形之一的,合同无效: …… (二)恶意串通,损害国家、集体或者第三人利益; (三)以合法形式掩盖非法目的; ……	**第一百四十六条**　行为人与相对人以虚假的意思表示实施的民事法律行为无效。 以虚假的意思表示隐藏的民事法律行为的效力,依照有关法律规定处理。
《民法通则》第五十九条　下列民事行为,一方有权请求人民法院或者仲裁机关予以变更或者撤销: (一)行为人对行为内容有重大误解的; (二)显失公平的。 被撤销的民事行为从行为开始起无效。	**第一百四十七条**　基于重大误解实施的民事法律行为,行为人有权请求人民法院或者仲裁机构予以撤销。
《民法通则》第五十八条　下列民事行为无效: …… (三)一方以欺诈、胁迫的手段或者乘人之危,使对方在违背真实意思的情况下所为的; ……	**第一百四十八条**　一方以欺诈手段,使对方在违背真实意思的情况下实施的民事法律行为,受欺诈方有权请求人民法院或者仲裁机构予以撤销。

续表

《民法通则》等相关法律	《民法典》总则编
	第一百四十九条　第三人实施欺诈行为，使一方在违背真实意思的情况下实施的民事法律行为，对方知道或者应当知道该欺诈行为的，受欺诈方有权请求人民法院或者仲裁机构予以撤销。
《民法通则》第五十八条　下列民事行为无效： …… （三）一方以欺诈、胁迫的手段或者乘人之危，使对方在违背真实意思的情况下所为的； …… **《合同法》第五十二条**　有下列情形之一的，合同无效： （一）一方以欺诈、胁迫的手段订立合同，损害国家利益； …… **第五十四条第二款**　一方以欺诈、胁迫的手段或者乘人之危，使对方在违背真实意思的情况下订立的合同，受损害方有权请求人民法院或者仲裁机构变更或者撤销。	**第一百五十条**　一方或者第三人以胁迫手段，使对方在违背真实意思的情况下实施的民事法律行为，*受胁迫方有权请求人民法院或者仲裁机构予以撤销。*
《民法通则》第五十九条第一款　下列民事行为，一方有权请求人民法院或者仲裁机关予以变更或者撤销： …… （二）显失公平的。 **《合同法》第五十四条**　下列合	**第一百五十一条　一方利用对方处于危困状态、缺乏判断能力等情形，致使民事法律行为成立时显失公平的，**受损害方有权请求人民法院或者仲裁机构予以撤销。

续表

《民法通则》等相关法律	《民法典》总则编
同，当事人一方有权请求人民法院或者仲裁机构变更或者撤销： …… （二）在订立合同时显失公平的。	
《合同法》第五十五条 有下列情形之一的，撤销权消灭： （一）具有撤销权的当事人自知道或者应当知道撤销事由之日起一年内没有行使撤销权； （二）具有撤销权的当事人知道撤销事由后明确表示或者以自己的行为放弃撤销权。 **第七十五条** 撤销权自债权人知道或者应当知道撤销事由之日起一年内行使。*自债务人的行为发生之日*起五年内没有行使撤销权的，该撤销权消灭。	**第一百五十二条** 有下列情形之一的，撤销权消灭： （一）当事人自知道或者应当知道撤销事由之日起一年内、**重大误解的当事人自知道或者应当知道撤销事由之日起九十日内**没有行使撤销权； **（二）当事人受胁迫，自胁迫行为终止之日起一年内没有行使撤销权；** （三）当事人知道撤销事由后明确表示或者以自己的行为表明放弃撤销权。 *当事人自民事法律行为发生之日*起五年内没有行使撤销权的，撤销权消灭。
《合同法》第五十二条 有下列情形之一的，合同无效： …… （五）违反法律、行政法规的强制性规定。	**第一百五十三条** 违反法律、行政法规的强制性规定的民事法律行为无效。**但是，该强制性规定不导致该民事法律行为无效的除外。** **违背公序良俗的民事法律行为无效。**

续表

《民法通则》等相关法律	《民法典》总则编
《民法通则》第五十八条　下列民事行为无效： …… （四）恶意串通，*损害国家、集体或者第三人利益的*； …… **《合同法》第五十二条**　有下列情形之一的，合同无效： …… （二）恶意串通，*损害国家、集体或者第三人利益*； ……	**第一百五十四条**　行为人与相对人恶意串通，损害*他人合法权益*的民事法律行为无效。
《民法通则》第五十八条第二款　无效的民事行为，*从行为开始起就没有法律约束力*。 **第五十九条第二款**　*被撤销的民事行为从行为开始起无效*。	**第一百五十五条**　无效的或者被撤销的民事法律行为*自始没有法律约束力*。
《民法通则》第六十条　民事行为部分无效，不影响其他部分的效力的，其他部分仍然有效。	**第一百五十六条**　民事法律行为部分无效，不影响其他部分效力的，其他部分仍然有效。
《民法通则》第六十一条　民事行为被确认为无效或者被撤销后，当事人因该行为取得的财产，*应当返还给受损失的一方*。有过错的一方应当赔偿对方因此所受的损失，双方都有过错的，应当各自承担相应的责任。 ~~双方恶意串通，实施民事行为损害国家的、集体的或者第三人的利益~~	**第一百五十七条**　民事法律行为无效、被撤销或者**确定不发生效力**后，*行为人*因该行为取得的财产，*应当予以返还；不能返还或者没有必要返还的，应当折价补偿*。有过错的一方应当赔偿对方由此所受到的损失；各方都有过错的，应当各自承担相应的责任。**法律另有规定的，依照其规定。**

续表

《民法通则》等相关法律	《民法典》总则编
~~的，应当追缴双方取得的财产，收归国家、集体所有或者返还第三人。~~ **《合同法》第五十八条**　合同无效或者被撤销后，因该合同取得的财产，应当予以返还；不能返还或者没有必要返还的，应当折价补偿。有过错的一方应当赔偿对方因此所受到的损失，双方都有过错的，应当各自承担相应的责任。 **第五十九条**　当事人恶意串通，损害国家、集体或者第三人利益的，因此取得的财产收归国家所有或者返还集体、第三人。	
	第四节　民事法律行为的附条件和附期限
《民法通则》第六十二条　民事法律行为可以附条件，附条件的民事法律行为*在符合所附条件*时生效。 **《合同法》第四十五条第一款**　当事人对*合同的效力*可以约定附条件。附生效条件的*合同*，自条件成就时生效。附解除条件的*合同*，自条件成就时失效。	**第一百五十八条**　民事法律行为可以附条件，**但是根据其性质不得附条件的除外**。附生效条件的民事法律行为，*自条件成就*时生效。附解除条件的民事*法律行为*，自条件成就时失效。
《合同法》第四十五条第二款　当事人为自己的利益不正当地阻止条件成就的，视为条件已成就；不正当地促成条件成就的，视为条件不成就。	**第一百五十九条　附条件的民事法律行为**，当事人为自己的利益不正当地阻止条件成就的，视为条件已经成就；不正当地促成条件成就的，视为条件不成就。

续表

《民法通则》等相关法律	《民法典》总则编
《合同法》第四十六条 当事人对*合同的效力*可以约定附期限。附生效期限的*合同*，自期限届至时生效。附终止期限的*合同*，自期限届满时失效。	**第一百六十条** *民事法律行为*可以附期限，**但是根据其性质不得附期限的除外**。附生效期限的*民事法律行为*，自期限届至时生效。附终止期限的*民事法律行为*，自期限届满时失效。
	第七章 代 理
	第一节 一 般 规 定
《民法通则》第六十三条第一款、第三款 公民、法人可以通过代理人实施民事法律行为。 依照法律规定或者按照双方当事人约定，应当由本人实施的民事法律行为，不得代理。	**第一百六十一条** *民事主体*可以通过代理人实施民事法律行为。 依照法律规定、当事人约定或者**民事法律行为的性质**，应当由本人亲自实施的民事法律行为，不得代理。
《民法通则》第六十三条第二款 代理人在代理权限内，以被代理人的名义实施民事法律行为。*被代理人对代理人的代理行为，承担民事责任*。	**第一百六十二条** 代理人在代理权限内，以被代理人名义实施的民事法律行为，*对被代理人发生效力*。
《民法通则》第六十四条 代理包括委托代理、法定代理~~和指定代理~~。 委托代理人按照被代理人的委托行使代理权，法定代理人依照法律的规定行使代理权~~，指定代理人按照人民法院或者指定单位的指定行使代理权~~。	**第一百六十三条** 代理包括委托代理和法定代理。 委托代理人按照被代理人的委托行使代理权。法定代理人依照法律的规定行使代理权。

续表

《民法通则》等相关法律	《民法典》总则编
《民法通则》第六十六条第二款、第三款　代理人不履行职责而给被代理人造成损害的，应当承担民事责任。 代理人和第三人串通，损害被代理人的利益的，由代理人和第三人负连带责任。	**第一百六十四条**　代理人不履行**或者不完全履行**职责，造成被代理人损害的，应当承担民事责任。 代理人和*相对人*恶意串通，损害被代理人合法权益的，代理人和*相对人*应当承担连带责任。
	第二节　委托代理
《民法通则》第六十五条　*民事法律行为的委托代理，可以用书面形式，也可以用口头形式。法律规定用书面形式的，应当用书面形式。* *书面委托代理*的授权委托书应当载明代理人的姓名或者名称、代理事项、权限和期间，并由委*托人*签名或者盖章。 ~~委托书授权不明的，被代理人应当向第三人承担民事责任，代理人负连带责任。~~	**第一百六十五条**　*委托代理授权采用书面形式的*，授权委托书应当载明代理人的姓名或者名称、代理事项、权限和*期限*，并由*被代理人*签名或者盖章。
	第一百六十六条　数人为同一代理事项的代理人的，应当共同行使代理权，但是当事人另有约定的除外。
《民法通则》第六十七条　代理人知道被委托代理的事项违法仍然*进行代理活动*的，或者被代理人知道代理人的代理行为违法不表示反对的，由被代理人和代理人负连带责任。	**第一百六十七条**　代理人知道或者**应当知道**代理事项违法仍然*实施代理行为*，或者被代理人知道或者**应当知道**代理人的代理行为违法未作反对表示的，被代理人和代理人应当承担连带责任。

续表

《民法通则》等相关法律	《民法典》总则编
	第一百六十八条　代理人不得以被代理人的名义与自己实施民事法律行为，但是被代理人同意或者追认的除外。 **代理人不得以被代理人的名义与自己同时代理的其他人实施民事法律行为，但是被代理的双方同意或者追认的除外。**
《民法通则》第六十八条　*委托代理人*~~为被代理人的利益~~需要转托他人代理的，应当~~事先~~取得被代理人的同意。*事先没有取得被代理人同意的，应当在事后及时告诉被代理人，如果被代理人不同意，由代理人对自己所转托的人的行为负民事责任，但在紧急情况下，为了保护被代理人的利益而转托他人代理的除外。*	**第一百六十九条**　*代理人*需要转委托第三人代理的，应当取得被代理人的同意或者**追认**。 **转委托代理经被代理人同意或者追认的，被代理人可以就代理事务直接指示转委托的第三人，代理人仅就第三人的选任以及对第三人的指示承担责任。** *转委托代理未经被代理人同意或者追认的，代理人应当对转委托的第三人的行为承担责任；但是，在紧急情况下代理人为了维护被代理人的利益需要转委托第三人代理的除外。*
《民法通则》第四十三条　企业法人对它的法定代表人和其他工作人员的经营活动，承担民事责任。	**第一百七十条　执行法人或者非法人组织工作任务的人员，就其职权范围内的事项，以法人或者非法人组织的名义实施的民事法律行为，对法人或者非法人组织发生效力。** 法人或者非法人组织对执行其工作任务的人员职权范围的限制，不得对抗善意相对人。

续表

《民法通则》等相关法律	《民法典》总则编
《民法通则》第六十六条第一款、第四款　没有代理权、超越代理权或者代理权终止后的行为，*只有经过被代理人的追认，被代理人才承担民事责任*。未经追认的行为，*由行为人承担民事责任*。本人知道他人以本人名义实施民事行为而不作否认表示的，视为同意。 *第三人知道行为人没有代理权、超越代理权或者代理权已终止还与行为人实施民事行为给他人造成损害的，由第三人和行为人负连带责任*。 **《合同法》第四十八条**　行为人没有代理权、超越代理权或者代理权终止后以被代理人名义*订立的合同*，未经被代理人追认，对被代理人不发生效力，由行为人承担责任。 相对人可以催告被代理人在一个月内予以追认。被代理人未作表示的，视为拒绝追认。合同被追认之前，善意相对人有撤销的权利。撤销应当以通知的方式作出。	**第一百七十一条**　行为人没有代理权、超越代理权或者代理权终止后，仍然实施代理行为，未经被代理人追认的，对被代理人不发生效力。 相对人可以催告被代理人自收到通知之日起三十日内予以追认。被代理人未作表示的，视为拒绝追认。行为人实施的行为被追认前，善意相对人有撤销的权利。撤销应当以通知的方式作出。 行为人实施的行为未被追认的，**善意相对人有权请求行为人履行债务或者就其受到的损害请求行为人赔偿。但是，赔偿的范围不得超过被代理人追认时相对人所能获得的利益。** *相对人知道或者应当知道行为人无权代理的，相对人和行为人按照各自的过错承担责任。*
《合同法》第四十九条　行为人没有代理权、超越代理权或者代理权终止后*以被代理人名义订立合同*，相对人有理由相信行为人有代理权的，该代理行为有效。	**第一百七十二条**　行为人没有代理权、超越代理权或者代理权终止后，*仍然实施代理行为*，相对人有理由相信行为人有代理权的，代理行为有效。

续表

《民法通则》等相关法律	《民法典》总则编
	第三节　代理终止
《民法通则》第六十九条　有下列情形之一的,委托代理终止: (一)代理*期间*届满或者代理事务完成; (二)被代理人取消委托或者代理人辞去委托; (三)代理人死亡; (四)代理人丧失民事行为能力; (五)作为被代理人或者代理人的法人终止。	**第一百七十三条**　有下列情形之一的,委托代理终止: (一)代理*期限*届满或者代理事务完成; (二)被代理人取消委托或者代理人辞去委托; (三)代理人丧失民事行为能力; (四)代理人或者**被代理人**死亡; (五)作为代理人或者被代理人的法人、**非法人组织**终止。
	第一百七十四条　被代理人死亡后,有下列情形之一的,委托代理人实施的代理行为有效: **(一)代理人不知道且不应当知道被代理人死亡;** **(二)被代理人的继承人予以承认;** **(三)授权中明确代理权在代理事务完成时终止;** **(四)被代理人死亡前已经实施,为了被代理人的继承人的利益继续代理。** **作为被代理人的法人、非法人组织终止的,参照适用前款规定。**

续表

《民法通则》等相关法律	《民法典》总则编
《民法通则》第七十条　有下列情形之一的，法定代理~~或者指定代理~~终止： （一）被代理人取得或者恢复民事行为能力； （二）被代理人或者代理人死亡； （三）代理人丧失民事行为能力； ~~（四）指定代理的人民法院或者指定单位取消指定~~； （五）*由其他原因引起的被代理人和代理人之间的监护关系消灭*。	**第一百七十五条**　有下列情形之一的，法定代理终止： （一）被代理人取得或者恢复完全民事行为能力； （二）代理人丧失民事行为能力； （三）代理人或者被代理人死亡； （四）*法律规定的其他情形*。
	第八章　民 事 责 任
《民法通则》第一百零六条第一款　公民、*法人违反合同或者不履行其他义务的*，应当承担民事责任。 **《合同法》第六十条第一款**　当事人应当按照约定全面履行自己的义务。	**第一百七十六条**　*民事主体依照法律规定或者按照当事人约定，履行民事义务*，承担民事责任。
《民法通则》第八十六条　债权人为二人以上的，按照确定的份额分享权利。债务人为二人以上的，按照确定的份额分担义务。 **《侵权责任法》第十二条**　二人以上分别实施侵权行为造成同一损害，能够确定责任大小的，各自承担相应的责任；难以确定责任大小的，平均承担赔偿责任。	**第一百七十七条**　二人以上依法承担按份责任，能够确定责任大小的，各自承担相应的责任；难以确定责任大小的，平均承担责任。

续表

《民法通则》等相关法律	《民法典》总则编
《民法通则》第八十七条 债权人或者债务人一方人数为二人以上的,依照法律的规定或者当事人的约定,享有连带权利的每个债权人,都有权要求债务人履行义务;负有连带义务的每个债务人,都负有清偿全部债务的义务,履行了义务的人,有权要求其他负有连带义务的人偿付他应当承担的份额。 **《侵权责任法》第十三条** 法律规定承担连带责任的,被侵权人有权请求部分或者全部连带责任人承担责任。 **第十四条** 连带责任人根据各自责任大小确定相应的赔偿数额;难以确定责任大小的,平均承担赔偿责任。 支付超出自己赔偿数额的连带责任人,有权向其他连带责任人追偿。	**第一百七十八条** 二人以上依法承担连带责任的,*权利人*有权请求部分或者全部连带责任人承担责任。 连带责任人的责任份额根据各自责任大小确定;难以确定责任大小的,平均承担责任。实际承担责任超过自己责任份额的连带责任人,有权向其他连带责任人追偿。 **连带责任,由法律规定或者当事人约定。**
《民法通则》第一百三十四条 承担民事责任的方式主要有: (一)停止侵害; (二)排除妨碍; (三)消除危险; (四)返还财产; (五)恢复原状; (六)修理、重作、更换; (七)赔偿损失; (八)支付违约金;	**第一百七十九条** 承担民事责任的方式主要有: (一)停止侵害; (二)排除妨碍; (三)消除危险; (四)返还财产; (五)恢复原状; (六)修理、重作、更换; **(七)继续履行;** (八)赔偿损失;

续表

《民法通则》等相关法律	《民法典》总则编
(九)消除影响、恢复名誉; (十)赔礼道歉。 以上承担民事责任的方式,可以单独适用,也可以合并适用。 ~~人民法院审理民事案件,除适用上述规定外,还可以予以训诫、责令具结悔过、收缴进行非法活动的财物和非法所得,并可以依照法律规定处以罚款、拘留。~~ **《侵权责任法》第四十七条** 明知产品存在缺陷仍然生产、销售,造成他人死亡或者健康严重损害的,被侵权人有权请求相应的惩罚性赔偿。	(九)支付违约金; (十)消除影响、恢复名誉; (十一)赔礼道歉。 **法律规定惩罚性赔偿的,依照其规定。** 本条规定的承担民事责任的方式,可以单独适用,也可以合并适用。
《民法通则》第一百零七条 因不可抗力不能履行合同或者造成他人损害的,不承担民事责任,*法律另有规定的除外*。 **第一百五十三条** 本法所称的"不可抗力",是指不能预见、不能避免并不能克服的客观情况。 **《合同法》第一百一十七条** 因不可抗力不能履行合同的,根据不可抗力的影响,部分或者全部免除责任,但法律另有规定的除外。当事人迟延履行后发生不可抗力的,不能免除责任。 本法所称不可抗力,是指不能预见、不能避免并不能克服的客观情况。 **《侵权责任法》第二十九条** 因	**第一百八十条** 因不可抗力不能履行民事义务的,不承担民事责任。*法律另有规定的,依照其规定。* 不可抗力是不能预见、不能避免且不能克服的客观情况。

续表

《民法通则》等相关法律	《民法典》总则编
不可抗力造成他人损害的,不承担责任。法律另有规定的,依照其规定。	
《民法通则》第一百二十八条 因正当防卫造成损害的,不承担民事责任。正当防卫超过必要的限度,造成不应有的损害的,应当承担适当的民事责任。 **《侵权责任法》第三十条** 因正当防卫造成损害的,不承担责任。正当防卫超过必要的限度,造成不应有的损害的,正当防卫人应当承担适当的责任。	**第一百八十一条** 因正当防卫造成损害的,不承担民事责任。 正当防卫超过必要的限度,造成不应有的损害的,正当防卫人应当承担适当的民事责任。
《民法通则》第一百二十九条 因紧急避险造成损害的,由引起险情发生的人承担民事责任。如果危险是由自然原因引起的,紧急避险人不*承担民事责任或者承担适当的民事责任*。因紧急避险采取措施不当或者超过必要的限度,造成不应有的损害的,紧急避险人应当承担适当的民事责任。 **《侵权责任法》第三十一条** 因紧急避险造成损害的,由引起险情发生的人承担责任。如果危险是由自然原因引起的,紧急避险人不*承担责任或者给予适当补偿*。紧急避险采取措施不当或者超过必要的限度,造成不应有的损害的,紧急避险人应当承担适当的责任。	**第一百八十二条** 因紧急避险造成损害的,由引起险情发生的人承担民事责任。 危险由自然原因引起的,紧急避险人不*承担民事责任*,**可以给予适当补偿**。 紧急避险采取措施不当或者超过必要的限度,造成不应有的损害的,紧急避险人应当承担适当的民事责任。

续表

《民法通则》等相关法律	《民法典》总则编
《民法通则》第一百零九条 *因防止、制止国家的、集体的财产或者他人的财产、人身遭受侵害*而使自己受到损害的，由侵害人承担赔偿责任，受益人也可以给予适当的补偿。 **《侵权责任法》第二十三条** *因防止、制止他人民事权益被侵害而使*自己受到损害的，由侵权人承担责任。侵权人逃逸或者无力承担责任，*被侵权人*请求补偿的，受益人应当给予适当补偿。	**第一百八十三条** *因保护他人*民事权益使自己受到损害的，由侵权人承担民事责任，受益人可以给予适当补偿。**没有侵权人**、侵权人逃逸或者无力承担民事责任，受害人请求补偿的，受益人应当给予适当补偿。
	第一百八十四条　因自愿实施紧急救助行为造成受助人损害的，救助人不承担民事责任。
	第一百八十五条　侵害英雄烈士等的姓名、肖像、名誉、荣誉，损害社会公共利益的，应当承担民事责任。
《合同法》第一百二十二条　因当事人一方的违约行为，侵害对方人身、财产权益的，*受损害方有权选择依照本法要求其承担违约责任或者依照其他法律要求其承担侵权责任。*	**第一百八十六条**　因当事人一方的违约行为，损害对方人身权益、财产权益的，*受损害方有权选择请求其承担违约责任或者侵权责任。*
《侵权责任法》第四条 *侵权人*因同一行为应当承担行政责任或者刑事责任的，不影响依法承担*侵权责任*。 *因同一行为应当承担侵权责任和行政责任、刑事责任，侵权人的财产不足以支付的，先承担侵权责任。*	**第一百八十七条** *民事主体因同一行为应当承担民事责任*、行政责任和刑事责任的，承担行政责任或者刑事责任不影响承担民事责任；*民事主体的财产不足以支付的，优先用于承担民事责任。*

续表

《民法通则》等相关法律	《民法典》总则编
	第九章 诉讼时效
《民法通则》第一百三十五条 向人民法院请求保护民事权利的诉讼时效期间为二年，法律另有规定的除外。 **第一百三十六条** ~~下列的诉讼时效期间为一年：~~ ~~（一）身体受到伤害要求赔偿的；~~ ~~（二）出售质量不合格的商品未声明的；~~ ~~（三）延付或者拒付租金的；~~ ~~（四）寄存财物被丢失或者损毁的。~~ **第一百三十七条** 诉讼时效期间从知道或者应当知道权利被侵害时起计算。但是，从权利被侵害之日起超过二十年的，人民法院不予保护。有特殊情况的，人民法院可以延长诉讼时效期间。	**第一百八十八条** 向人民法院请求保护民事权利的诉讼时效期间为三年。法律另有规定的，依照其规定。 诉讼时效期间自权利人知道或者应当知道权利受到损害**以及义务人**之日起计算。**法律另有规定的，依照其规定**。但是，自权利受到损害之日起超过二十年的，人民法院不予保护，有特殊情况的，人民法院可以**根据权利人的申请**决定延长。
	第一百八十九条 当事人约定同一债务分期履行的，诉讼时效期间自最后一期履行期限届满之日起计算。
	第一百九十条 无民事行为能力人或者限制民事行为能力人对其法定代理人的请求权的诉讼时效期间，自该法定代理终止之日起计算。

续表

《民法通则》等相关法律	《民法典》总则编
	第一百九十一条　未成年人遭受性侵害的损害赔偿请求权的诉讼时效期间，自受害人年满十八周岁之日起计算。
《民法通则》第一百三十八条 *超过诉讼时效期间，当事人自愿履行的，不受诉讼时效限制。*	**第一百九十二条　诉讼时效期间届满的，义务人可以提出不履行义务的抗辩。** *诉讼时效期间届满后，义务人同意履行的，不得以诉讼时效期间届满为由抗辩；义务人已经自愿履行的，不得请求返还。*
	第一百九十三条　人民法院不得主动适用诉讼时效的规定。
《民法通则》第一百三十九条 在诉讼时效期间的最后六个月内，因不可抗力或者其他障碍不能行使请求权的，诉讼时效中止。*从中止时效的原因消除之日起，诉讼时效期间继续计算。*	**第一百九十四条**　在诉讼时效期间的最后六个月内，因下列障碍，不能行使请求权的，诉讼时效中止： （一）不可抗力； （二）无民事行为能力人或者限制民事行为能力人没有法定代理人，或者法定代理人死亡、丧失民事行为能力、丧失代理权； （三）**继承开始后未确定继承人或者遗产管理人；** **（四）权利人被义务人或者其他人控制；** **（五）其他导致权利人不能行使请求权的障碍。** *自中止时效的原因消除之日起满六个月，诉讼时效期间届满。*

续表

《民法通则》等相关法律	《民法典》总则编
《民法通则》第一百四十条 诉讼时效因提起诉讼、当事人一方提出要求或者同意履行义务而中断。从中断时起，诉讼时效期间重新计算。	**第一百九十五条** 有下列情形之一的，诉讼时效中断，从中断、**有关程序终结**时起，诉讼时效期间重新计算： （一）权利人向义务人提出履行请求； （二）义务人同意履行义务； （三）权利人提起诉讼或者申请仲裁； （四）与提起诉讼或者申请仲裁具有同等效力的其他情形。
	第一百九十六条 下列请求权不适用诉讼时效的规定： （一）请求停止侵害、排除妨碍、消除危险； （二）不动产物权和登记的动产物权的权利人请求返还财产； （三）请求支付抚养费、赡养费或者扶养费； （四）依法不适用诉讼时效的其他请求权。
	第一百九十七条 诉讼时效的期间、计算方法以及中止、中断的事由由法律规定，当事人约定无效。 当事人对诉讼时效利益的预先放弃无效。
	第一百九十八条 法律对仲裁时效有规定的，依照其规定；没有规定的，适用诉讼时效的规定。

续表

《民法通则》等相关法律	《民法典》总则编
《合同法》第五十五条 有下列情形之一的，撤销权消灭： （一）具有撤销权的当事人自知道或者应当知道撤销事由之日起一年内没有行使撤销权； （二）具有撤销权的当事人知道撤销事由后明确表示或者以自己的行为放弃撤销权。 **第七十五条** 撤销权自债权人知道或者应当知道*撤销事由之日*起一年内行使。自债务人的行为发生之日起五年内没有行使撤销权的，该撤销权消灭。 **第九十五条** 法律规定或者当事人约定解除权行使期限，期限届满当事人不行使的，该权利消灭。 法律没有规定或者当事人没有约定解除权行使期限，经对方催告后在合理期限内不行使的，该权利消灭。	**第一百九十九条** 法律规定或者当事人约定的撤销权、解除权等权利的存续期间，除法律另有规定外，自权利人知道或者应当知道权*利产生之日*起计算，**不适用有关诉讼时效中止、中断和延长的规定**。存续期间届满，撤销权、解除权等权利消灭。
	第十章 期间计算
《民法通则》第一百五十四条第一款 民法所称的期间按照公历年、月、日、小时计算。	**第二百条** 民法所称的期间按照公历年、月、日、小时计算。
《民法通则》第一百五十四条第二款 规定按照小时计算期间的，从规定时开始计算。规定按照日、月、年计算期间的，开始的当天不算入，从下一天开始计算。	**第二百零一条** 按照年、月、日计算期间的，开始的当日不计入，自下一日开始计算。 按照小时计算期间的，自法律规定或者**当事人约定**的时间开始计算。

续表

《民法通则》等相关法律	《民法典》总则编
	第二百零二条　按照年、月计算期间的，到期月的对应日为期间的最后一日；没有对应日的，月末日为期间的最后一日。
《民法通则》第一百五十四条第三款、第四款　期间的最后一天是星~~期日~~或者其他法定休假日的，以休假日的次日为期间的最后一*天*。 期间的最后一*天*的截止时间为二十四*点*。有业务时间的，*到停止业务活动的时间截止*。	**第二百零三条**　期间的最后一*日*是法定休假日的，以法定休假日结束的次日为期间的最后一*日*。 期间的最后一*日*的截止时间为二十四*时*；有业务时间的，*停止业务活动的时间为截止时间*。
	第二百零四条　期间的计算方法依照本法的规定，但是法律另有规定或者当事人另有约定的除外。

附录二　相关法规

最高人民法院关于适用《中华人民共和国民法典》总则编若干问题的解释

（2021 年 12 月 30 日最高人民法院审判委员会第 1861 次会议通过
2022 年 2 月 24 日公布　法释〔2022〕6 号　自 2022 年 3 月 1 日起施行）

为正确审理民事案件，依法保护民事主体的合法权益，维护社会和经济秩序，根据《中华人民共和国民法典》《中华人民共和国民事诉讼法》等相关法律规定，结合审判实践，制定本解释。

一、一 般 规 定

第一条　民法典第二编至第七编对民事关系有规定的，人民法院直接适用该规定；民法典第二编至第七编没有规定的，适用民法典第一编的规定，但是根据其性质不能适用的除外。

就同一民事关系，其他民事法律的规定属于对民法典相应规定的细化的，应当适用该民事法律的规定。民法典规定适用其他法律的，适用该法律的规定。

民法典及其他法律对民事关系没有具体规定的，可以遵循民法典关于基本原则的规定。

第二条　在一定地域、行业范围内长期为一般人从事民事活动时普遍遵守的民间习俗、惯常做法等，可以认定为民法典第十条规定的习惯。

当事人主张适用习惯的，应当就习惯及其具体内容提供相应证据；必要时，人民法院可以依职权查明。

适用习惯，不得违背社会主义核心价值观，不得违背公序良俗。

第三条　对于民法典第一百三十二条所称的滥用民事权利，人民法院可以根据权利行使的对象、目的、时间、方式、造成当事人之间利益失衡的程度等因素作出认定。

行为人以损害国家利益、社会公共利益、他人合法权益为主要目的行使民事权利的，人民法院应当认定构成滥用民事权利。

构成滥用民事权利的，人民法院应当认定该滥用行为不发生相应的法律效力。滥用民事权利造成损害的，依照民法典第七编等有关规定处理。

二、民事权利能力和民事行为能力

第四条　涉及遗产继承、接受赠与等胎儿利益保护，父母在胎儿娩出前作为法定代理人主张相应权利的，人民法院依法予以支持。

第五条　限制民事行为能力人实施的民事法律行为是否与其年龄、智力、精神健康状况相适应，人民法院可以从行为与本人生活相关联的程度，本人的智力、精神健康状况能否理解其行为并预见相应的后果，以及标的、数量、价款或者报酬等方面认定。

三、监　　护

第六条　人民法院认定自然人的监护能力，应当根据其年龄、身心健康状况、经济条件等因素确定；认定有关组织的监护能力，应当根据其资质、信用、财产状况等因素确定。

第七条　担任监护人的被监护人父母通过遗嘱指定监护人，遗嘱生效时被指定的人不同意担任监护人的，人民法院应当适用民法典第二十七条、第二十八条的规定确定监护人。

未成年人由父母担任监护人，父母中的一方通过遗嘱指定监护人，另一方在遗嘱生效时有监护能力，有关当事人对监护人的确定有争议的，人民法院应当适用民法典第二十七条第一款的规定确定监护人。

第八条　未成年人的父母与其他依法具有监护资格的人订立协议，约定免除具有监护能力的父母的监护职责的，人民法院不予支持。协议约定在未成年人的父母丧失监护能力时由该具有监护资格的人担任监护人的，人民法院依法予以支持。

依法具有监护资格的人之间依据民法典第三十条的规定，约定由民法典第二十七条第二款、第二十八条规定的不同顺序的人共同担任监护人，或者由顺序在后的人担任监护人的，人民法院依法予以支持。

第九条　人民法院依据民法典第三十一条第二款、第三十六条第一款的规定指定监护人时，应当尊重被监护人的真实意愿，按照最有利于被监护人的原则指定，具体参考以下因素：

（一）与被监护人生活、情感联系的密切程度；

（二）依法具有监护资格的人的监护顺序；

（三）是否有不利于履行监护职责的违法犯罪等情形；

（四）依法具有监护资格的人的监护能力、意愿、品行等。

人民法院依法指定的监护人一般应当是一人，由数人共同担任监护人更有利于保护被监护人利益的，也可以是数人。

第十条　有关当事人不服居民委员会、村民委员会或者民政部门的指定，在接到指定通知之日起三十日内向人民法院申请指定监护人的，人民法院经审理认为指定并无不当，依法裁定驳回申请；认为指定不当，依法判决撤销指定并另行指定监护人。

有关当事人在接到指定通知之日起三十日后提出申请的，人民法院应当按照变更监护关系处理。

第十一条　具有完全民事行为能力的成年人与他人依据民法典第三十三条的规定订立书面协议事先确定自己的监护人后，协议的任何一方在该成年人丧失或者部分丧失民事行为能力前请求解除协议的，人民法院依法予以支持。该成年人丧失或者部分丧失民事行为能力后，协议确定的监护人无正当理由请求解除协议的，人民法院不予支持。

该成年人丧失或者部分丧失民事行为能力后，协议确定的监护人有民法典第三十六条第一款规定的情形之一，该条第二款规定的有关个人、组织申请撤销其监护人资格的，人民法院依法予以支持。

第十二条　监护人、其他依法具有监护资格的人之间就监护人是否有民法典第三十九条第一款第二项、第四项规定的应当终止监护关系的情形发生争议，申请变更监护人的，人民法院应当依法受理。经审理认为理由成立的，人民法院依法予以支持。

被依法指定的监护人与其他具有监护资格的人之间协议变更监护人的，

人民法院应当尊重被监护人的真实意愿，按照最有利于被监护人的原则作出裁判。

第十三条　监护人因患病、外出务工等原因在一定期限内不能完全履行监护职责，将全部或者部分监护职责委托给他人，当事人主张受托人因此成为监护人的，人民法院不予支持。

四、宣告失踪和宣告死亡

第十四条　人民法院审理宣告失踪案件时，下列人员应当认定为民法典第四十条规定的利害关系人：

（一）被申请人的近亲属；

（二）依据民法典第一千一百二十八条、第一千一百二十九条规定对被申请人有继承权的亲属；

（三）债权人、债务人、合伙人等与被申请人有民事权利义务关系的民事主体，但是不申请宣告失踪不影响其权利行使、义务履行的除外。

第十五条　失踪人的财产代管人向失踪人的债务人请求偿还债务的，人民法院应当将财产代管人列为原告。

债权人提起诉讼，请求失踪人的财产代管人支付失踪人所欠的债务和其他费用的，人民法院应当将财产代管人列为被告。经审理认为债权人的诉讼请求成立的，人民法院应当判决财产代管人从失踪人的财产中支付失踪人所欠的债务和其他费用。

第十六条　人民法院审理宣告死亡案件时，被申请人的配偶、父母、子女，以及依据民法典第一千一百二十九条规定对被申请人有继承权的亲属应当认定为民法典第四十六条规定的利害关系人。

符合下列情形之一的，被申请人的其他近亲属，以及依据民法典第一千一百二十八条规定对被申请人有继承权的亲属应当认定为民法典第四十六条规定的利害关系人：

（一）被申请人的配偶、父母、子女均已死亡或者下落不明的；

（二）不申请宣告死亡不能保护其相应合法权益的。

被申请人的债权人、债务人、合伙人等民事主体不能认定为民法典第四十六条规定的利害关系人，但是不申请宣告死亡不能保护其相应合法权益的除外。

第十七条 自然人在战争期间下落不明的,利害关系人申请宣告死亡的期间适用民法典第四十六条第一款第一项的规定,自战争结束之日或者有关机关确定的下落不明之日起计算。

五、民事法律行为

第十八条 当事人未采用书面形式或者口头形式,但是实施的行为本身表明已经作出相应意思表示,并符合民事法律行为成立条件的,人民法院可以认定为民法典第一百三十五条规定的采用其他形式实施的民事法律行为。

第十九条 行为人对行为的性质、对方当事人或者标的物的品种、质量、规格、价格、数量等产生错误认识,按照通常理解如果不发生该错误认识行为人就不会作出相应意思表示的,人民法院可以认定为民法典第一百四十七条规定的重大误解。

行为人能够证明自己实施民事法律行为时存在重大误解,并请求撤销该民事法律行为的,人民法院依法予以支持;但是,根据交易习惯等认定行为人无权请求撤销的除外。

第二十条 行为人以其意思表示存在第三人转达错误为由请求撤销民事法律行为的,适用本解释第十九条的规定。

第二十一条 故意告知虚假情况,或者负有告知义务的人故意隐瞒真实情况,致使当事人基于错误认识作出意思表示的,人民法院可以认定为民法典第一百四十八条、第一百四十九条规定的欺诈。

第二十二条 以给自然人及其近亲属等的人身权利、财产权利以及其他合法权益造成损害或者以给法人、非法人组织的名誉、荣誉、财产权益等造成损害为要挟,迫使其基于恐惧心理作出意思表示的,人民法院可以认定为民法典第一百五十条规定的胁迫。

第二十三条 民事法律行为不成立,当事人请求返还财产、折价补偿或者赔偿损失的,参照适用民法典第一百五十七条的规定。

第二十四条 民事法律行为所附条件不可能发生,当事人约定为生效条件的,人民法院应当认定民事法律行为不发生效力;当事人约定为解除条件的,应当认定未附条件,民事法律行为是否失效,依照民法典和相关法律、行政法规的规定认定。

六、代　　理

第二十五条　数个委托代理人共同行使代理权，其中一人或者数人未与其他委托代理人协商，擅自行使代理权的，依据民法典第一百七十一条、第一百七十二条等规定处理。

第二十六条　由于急病、通讯联络中断、疫情防控等特殊原因，委托代理人自己不能办理代理事项，又不能与被代理人及时取得联系，如不及时转委托第三人代理，会给被代理人的利益造成损失或者扩大损失的，人民法院应当认定为民法典第一百六十九条规定的紧急情况。

第二十七条　无权代理行为未被追认，相对人请求行为人履行债务或者赔偿损失的，由行为人就相对人知道或者应当知道行为人无权代理承担举证责任。行为人不能证明的，人民法院依法支持相对人的相应诉讼请求；行为人能够证明的，人民法院应当按照各自的过错认定行为人与相对人的责任。

第二十八条　同时符合下列条件的，人民法院可以认定为民法典第一百七十二条规定的相对人有理由相信行为人有代理权：

（一）存在代理权的外观；

（二）相对人不知道行为人行为时没有代理权，且无过失。

因是否构成表见代理发生争议的，相对人应当就无权代理符合前款第一项规定的条件承担举证责任；被代理人应当就相对人不符合前款第二项规定的条件承担举证责任。

第二十九条　法定代理人、被代理人依据民法典第一百四十五条、第一百七十一条的规定向相对人作出追认的意思表示的，人民法院应当依据民法典第一百三十七条的规定确认其追认意思表示的生效时间。

七、民 事 责 任

第三十条　为了使国家利益、社会公共利益、本人或者他人的人身权利、财产权利以及其他合法权益免受正在进行的不法侵害，而针对实施侵害行为的人采取的制止不法侵害的行为，应当认定为民法典第一百八十一条规定的正当防卫。

第三十一条　对于正当防卫是否超过必要的限度，人民法院应当综合不法侵害的性质、手段、强度、危害程度和防卫的时机、手段、强度、损害后果等因素判断。

经审理，正当防卫没有超过必要限度的，人民法院应当认定正当防卫人不承担责任。正当防卫超过必要限度的，人民法院应当认定正当防卫人在造成不应有的损害范围内承担部分责任；实施侵害行为的人请求正当防卫人承担全部责任的，人民法院不予支持。

实施侵害行为的人不能证明防卫行为造成不应有的损害，仅以正当防卫人采取的反击方式和强度与不法侵害不相当为由主张防卫过当的，人民法院不予支持。

第三十二条　为了使国家利益、社会公共利益、本人或者他人的人身权利、财产权利以及其他合法权益免受正在发生的急迫危险，不得已而采取紧急措施的，应当认定为民法典第一百八十二条规定的紧急避险。

第三十三条　对于紧急避险是否采取措施不当或者超过必要的限度，人民法院应当综合危险的性质、急迫程度、避险行为所保护的权益以及造成的损害后果等因素判断。

经审理，紧急避险采取措施并无不当且没有超过必要限度的，人民法院应当认定紧急避险人不承担责任。紧急避险采取措施不当或者超过必要限度的，人民法院应当根据紧急避险人的过错程度、避险措施造成不应有的损害的原因力大小、紧急避险人是否为受益人等因素认定紧急避险人在造成的不应有的损害范围内承担相应的责任。

第三十四条　因保护他人民事权益使自己受到损害，受害人依据民法典第一百八十三条的规定请求受益人适当补偿的，人民法院可以根据受害人所受损失和已获赔偿的情况、受益人受益的多少及其经济条件等因素确定受益人承担的补偿数额。

八、诉讼时效

第三十五条　民法典第一百八十八条第一款规定的三年诉讼时效期间，可以适用民法典有关诉讼时效中止、中断的规定，不适用延长的规定。该条第二款规定的二十年期间不适用中止、中断的规定。

第三十六条　无民事行为能力人或者限制民事行为能力人的权利受到损害的，诉讼时效期间自其法定代理人知道或者应当知道权利受到损害以及义务人之日起计算，但是法律另有规定的除外。

第三十七条　无民事行为能力人、限制民事行为能力人的权利受到原法定代理人损害，且在取得、恢复完全民事行为能力或者在原法定代理终止并确定新的法定代理人后，相应民事主体才知道或者应当知道权利受到损害的，有关请求权诉讼时效期间的计算适用民法典第一百八十八条第二款、本解释第三十六条的规定。

第三十八条　诉讼时效依据民法典第一百九十五条的规定中断后，在新的诉讼时效期间内，再次出现第一百九十五条规定的中断事由，可以认定为诉讼时效再次中断。

权利人向义务人的代理人、财产代管人或者遗产管理人等提出履行请求的，可以认定为民法典第一百九十五条规定的诉讼时效中断。

九、附　　则

第三十九条　本解释自2022年3月1日起施行。

民法典施行后的法律事实引起的民事案件，本解释施行后尚未终审的，适用本解释；本解释施行前已经终审，当事人申请再审或者按照审判监督程序决定再审的，不适用本解释。

最高人民法院关于审理民事案件适用诉讼时效制度若干问题的规定

［2008年8月11日最高人民法院审判委员会第1450次会议通过、2008年8月21日公布、自2008年9月1日起施行(法释〔2008〕11号)　根据2020年12月23日最高人民法院审判委员会第1823次会议通过、2020年12月29日公布、自2021年1月1日起施行的《最高人民法院关于修改〈最高人民法院关于在民事审判工作中适用《中华人民共和国工会法》若干问题的解释〉等二十七件民事类司法解释的决定》(法释〔2020〕17号)修正］

为正确适用法律关于诉讼时效制度的规定,保护当事人的合法权益,依照《中华人民共和国民法典》《中华人民共和国民事诉讼法》等法律的规定,结合审判实践,制定本规定。

第一条　当事人可以对债权请求权提出诉讼时效抗辩,但对下列债权请求权提出诉讼时效抗辩的,人民法院不予支持:

(一)支付存款本金及利息请求权;

(二)兑付国债、金融债券以及向不特定对象发行的企业债券本息请求权;

(三)基于投资关系产生的缴付出资请求权;

(四)其他依法不适用诉讼时效规定的债权请求权。

第二条　当事人未提出诉讼时效抗辩,人民法院不应对诉讼时效问题进行释明。

第三条 当事人在一审期间未提出诉讼时效抗辩,在二审期间提出的,人民法院不予支持,但其基于新的证据能够证明对方当事人的请求权已过诉讼时效期间的情形除外。

当事人未按照前款规定提出诉讼时效抗辩,以诉讼时效期间届满为由申请再审或者提出再审抗辩的,人民法院不予支持。

第四条 未约定履行期限的合同,依照民法典第五百一十条、第五百一十一条的规定,可以确定履行期限的,诉讼时效期间从履行期限届满之日起计算;不能确定履行期限的,诉讼时效期间从债权人要求债务人履行义务的宽限期届满之日起计算,但债务人在债权人第一次向其主张权利之时明确表示不履行义务的,诉讼时效期间从债务人明确表示不履行义务之日起计算。

第五条 享有撤销权的当事人一方请求撤销合同的,应适用民法典关于除斥期间的规定。对方当事人对撤销合同请求权提出诉讼时效抗辩的,人民法院不予支持。

合同被撤销,返还财产、赔偿损失请求权的诉讼时效期间从合同被撤销之日起计算。

第六条 返还不当得利请求权的诉讼时效期间,从当事人一方知道或者应当知道不当得利事实及对方当事人之日起计算。

第七条 管理人因无因管理行为产生的给付必要管理费用、赔偿损失请求权的诉讼时效期间,从无因管理行为结束并且管理人知道或者应当知道本人之日起计算。

本人因不当无因管理行为产生的赔偿损失请求权的诉讼时效期间,从其知道或者应当知道管理人及损害事实之日起计算。

第八条 具有下列情形之一的,应当认定为民法典第一百九十五条规定的"权利人向义务人提出履行请求",产生诉讼时效中断的效力:

(一)当事人一方直接向对方当事人送交主张权利文书,对方当事人在文书上签名、盖章、按指印或者虽未签名、盖章、按指印但能够以其他方式证明该文书到达对方当事人的;

(二)当事人一方以发送信件或者数据电文方式主张权利,信件或者数据电文到达或者应当到达对方当事人的;

(三)当事人一方为金融机构,依照法律规定或者当事人约定从对方当事人账户中扣收欠款本息的;

（四）当事人一方下落不明，对方当事人在国家级或者下落不明的当事人一方住所地的省级有影响的媒体上刊登具有主张权利内容的公告的，但法律和司法解释另有特别规定的，适用其规定。

前款第（一）项情形中，对方当事人为法人或者其他组织的，签收人可以是其法定代表人、主要负责人、负责收发信件的部门或者被授权主体；对方当事人为自然人的，签收人可以是自然人本人、同住的具有完全行为能力的亲属或者被授权主体。

第九条　权利人对同一债权中的部分债权主张权利，诉讼时效中断的效力及于剩余债权，但权利人明确表示放弃剩余债权的情形除外。

第十条　当事人一方向人民法院提交起诉状或者口头起诉的，诉讼时效从提交起诉状或者口头起诉之日起中断。

第十一条　下列事项之一，人民法院应当认定与提起诉讼具有同等诉讼时效中断的效力：

（一）申请支付令；

（二）申请破产、申报破产债权；

（三）为主张权利而申请宣告义务人失踪或死亡；

（四）申请诉前财产保全、诉前临时禁令等诉前措施；

（五）申请强制执行；

（六）申请追加当事人或者被通知参加诉讼；

（七）在诉讼中主张抵销；

（八）其他与提起诉讼具有同等诉讼时效中断效力的事项。

第十二条　权利人向人民调解委员会以及其他依法有权解决相关民事纠纷的国家机关、事业单位、社会团体等社会组织提出保护相应民事权利的请求，诉讼时效从提出请求之日起中断。

第十三条　权利人向公安机关、人民检察院、人民法院报案或者控告，请求保护其民事权利的，诉讼时效从其报案或者控告之日起中断。

上述机关决定不立案、撤销案件、不起诉的，诉讼时效期间从权利人知道或者应当知道不立案、撤销案件或者不起诉之日起重新计算；刑事案件进入审理阶段，诉讼时效期间从刑事裁判文书生效之日起重新计算。

第十四条　义务人作出分期履行、部分履行、提供担保、请求延期履行、制定清偿债务计划等承诺或者行为的，应当认定为民法典第一百九十五条规定的“义务人同意履行义务”。

第十五条 对于连带债权人中的一人发生诉讼时效中断效力的事由，应当认定对其他连带债权人也发生诉讼时效中断的效力。

对于连带债务人中的一人发生诉讼时效中断效力的事由，应当认定对其他连带债务人也发生诉讼时效中断的效力。

第十六条 债权人提起代位权诉讼的，应当认定对债权人的债权和债务人的债权均发生诉讼时效中断的效力。

第十七条 债权转让的，应当认定诉讼时效从债权转让通知到达债务人之日起中断。

债务承担情形下，构成原债务人对债务承认的，应当认定诉讼时效从债务承担意思表示到达债权人之日起中断。

第十八条 主债务诉讼时效期间届满，保证人享有主债务人的诉讼时效抗辩权。

保证人未主张前述诉讼时效抗辩权，承担保证责任后向主债务人行使追偿权的，人民法院不予支持，但主债务人同意给付的情形除外。

第十九条 诉讼时效期间届满，当事人一方向对方当事人作出同意履行义务的意思表示或者自愿履行义务后，又以诉讼时效期间届满为由进行抗辩的，人民法院不予支持。

当事人双方就原债务达成新的协议，债权人主张义务人放弃诉讼时效抗辩权的，人民法院应予支持。

超过诉讼时效期间，贷款人向借款人发出催收到期贷款通知单，债务人在通知单上签字或者盖章，能够认定借款人同意履行诉讼时效期间已经届满的义务的，对于贷款人关于借款人放弃诉讼时效抗辩权的主张，人民法院应予支持。

第二十条 本规定施行后，案件尚在一审或者二审阶段的，适用本规定；本规定施行前已经终审的案件，人民法院进行再审时，不适用本规定。

第二十一条 本规定施行前本院作出的有关司法解释与本规定相抵触的，以本规定为准。

最高人民法院关于适用《中华人民共和国民法典》时间效力的若干规定

（2020年12月14日最高人民法院审判委员会第1821次会议通过
2020年12月29日公布　法释〔2020〕15号
自2021年1月1日起施行）

根据《中华人民共和国立法法》《中华人民共和国民法典》等法律规定，就人民法院在审理民事纠纷案件中有关适用民法典时间效力问题作出如下规定。

一、一般规定

第一条　民法典施行后的法律事实引起的民事纠纷案件，适用民法典的规定。

民法典施行前的法律事实引起的民事纠纷案件，适用当时的法律、司法解释的规定，但是法律、司法解释另有规定的除外。

民法典施行前的法律事实持续至民法典施行后，该法律事实引起的民事纠纷案件，适用民法典的规定，但是法律、司法解释另有规定的除外。

第二条　民法典施行前的法律事实引起的民事纠纷案件，当时的法律、司法解释有规定，适用当时的法律、司法解释的规定，但是适用民法典的规定更有利于保护民事主体合法权益，更有利于维护社会和经济秩序，更有利于弘扬社会主义核心价值观的除外。

第三条　民法典施行前的法律事实引起的民事纠纷案件，当时的法律、司法解释没有规定而民法典有规定的，可以适用民法典的规定，但是明显减损当事人合法权益、增加当事人法定义务或者背离当事人合理预期的除外。

第四条　民法典施行前的法律事实引起的民事纠纷案件，当时的法律、司法解释仅有原则性规定而民法典有具体规定的，适用当时的法律、司法解释的规定，但是可以依据民法典具体规定进行裁判说理。

第五条　民法典施行前已经终审的案件，当事人申请再审或者按照审判监督程序决定再审的，不适用民法典的规定。

二、溯及适用的具体规定

第六条　《中华人民共和国民法总则》施行前，侵害英雄烈士等的姓名、肖像、名誉、荣誉，损害社会公共利益引起的民事纠纷案件，适用民法典第一百八十五条的规定。

第七条　民法典施行前，当事人在债务履行期限届满前约定债务人不履行到期债务时抵押财产或者质押财产归债权人所有的，适用民法典第四百零一条和第四百二十八条的规定。

第八条　民法典施行前成立的合同，适用当时的法律、司法解释的规定合同无效而适用民法典的规定合同有效的，适用民法典的相关规定。

第九条　民法典施行前订立的合同，提供格式条款一方未履行提示或者说明义务，涉及格式条款效力认定的，适用民法典第四百九十六条的规定。

第十条　民法典施行前，当事人一方未通知对方而直接以提起诉讼方式依法主张解除合同的，适用民法典第五百六十五条第二款的规定。

第十一条　民法典施行前成立的合同，当事人一方不履行非金钱债务或者履行非金钱债务不符合约定，对方可以请求履行，但是有民法典第五百八十条第一款第一项、第二项、第三项除外情形之一，致使不能实现合同目的，当事人请求终止合同权利义务关系的，适用民法典第五百八十条第二款的规定。

第十二条　民法典施行前订立的保理合同发生争议的，适用民法典第三编第十六章的规定。

第十三条　民法典施行前，继承人有民法典第一千一百二十五条第一款第四项和第五项规定行为之一，对该继承人是否丧失继承权发生争议的，适用民法典第一千一百二十五条第一款和第二款的规定。

民法典施行前，受遗赠人有民法典第一千一百二十五条第一款规定行为之一，对受遗赠人是否丧失受遗赠权发生争议的，适用民法典第一千一百二十五条第一款和第三款的规定。

第十四条 被继承人在民法典施行前死亡，遗产无人继承又无人受遗赠，其兄弟姐妹的子女请求代位继承的，适用民法典第一千一百二十八条第二款和第三款的规定，但是遗产已经在民法典施行前处理完毕的除外。

第十五条 民法典施行前，遗嘱人以打印方式立的遗嘱，当事人对该遗嘱效力发生争议的，适用民法典第一千一百三十六条的规定，但是遗产已经在民法典施行前处理完毕的除外。

第十六条 民法典施行前，受害人自愿参加具有一定风险的文体活动受到损害引起的民事纠纷案件，适用民法典第一千一百七十六条的规定。

第十七条 民法典施行前，受害人为保护自己合法权益采取扣留侵权人的财物等措施引起的民事纠纷案件，适用民法典第一千一百七十七条的规定。

第十八条 民法典施行前，因非营运机动车发生交通事故造成无偿搭乘人损害引起的民事纠纷案件，适用民法典第一千二百一十七条的规定。

第十九条 民法典施行前，从建筑物中抛掷物品或者从建筑物上坠落的物品造成他人损害引起的民事纠纷案件，适用民法典第一千二百五十四条的规定。

三、衔接适用的具体规定

第二十条 民法典施行前成立的合同，依照法律规定或者当事人约定该合同的履行持续至民法典施行后，因民法典施行前履行合同发生争议的，适用当时的法律、司法解释的规定；因民法典施行后履行合同发生争议的，适用民法典第三编第四章和第五章的相关规定。

第二十一条 民法典施行前租赁期限届满，当事人主张适用民法典第七百三十四条第二款规定的，人民法院不予支持；租赁期限在民法典施行后届满，当事人主张适用民法典第七百三十四条第二款规定的，人民法院依法予以支持。

第二十二条 民法典施行前，经人民法院判决不准离婚后，双方又分居满一年，一方再次提起离婚诉讼的，适用民法典第一千零七十九条第五款的规定。

第二十三条　被继承人在民法典施行前立有公证遗嘱，民法典施行后又立有新遗嘱，其死亡后，因该数份遗嘱内容相抵触发生争议的，适用民法典第一千一百四十二条第三款的规定。

第二十四条　侵权行为发生在民法典施行前，但是损害后果出现在民法典施行后的民事纠纷案件，适用民法典的规定。

第二十五条　民法典施行前成立的合同，当时的法律、司法解释没有规定且当事人没有约定解除权行使期限，对方当事人也未催告的，解除权人在民法典施行前知道或者应当知道解除事由，自民法典施行之日起一年内不行使的，人民法院应当依法认定该解除权消灭；解除权人在民法典施行后知道或者应当知道解除事由的，适用民法典第五百六十四条第二款关于解除权行使期限的规定。

第二十六条　当事人以民法典施行前受胁迫结婚为由请求人民法院撤销婚姻的，撤销权的行使期限适用民法典第一千零五十二条第二款的规定。

第二十七条　民法典施行前成立的保证合同，当事人对保证期间约定不明确，主债务履行期限届满至民法典施行之日不满二年，当事人主张保证期间为主债务履行期限届满之日起二年的，人民法院依法予以支持；当事人对保证期间没有约定，主债务履行期限届满至民法典施行之日不满六个月，当事人主张保证期间为主债务履行期限届满之日起六个月的，人民法院依法予以支持。

四、附　　则

第二十八条　本规定自2021年1月1日起施行。

本规定施行后，人民法院尚未审结的一审、二审案件适用本规定。